言語の科学5　文　法

編集委員
大津由紀雄
郡司隆男
田窪行則
長尾　真
橋田浩一
益岡隆志
松本裕治

文 法

言語の科学

5

益岡隆志
仁田義雄
郡司隆男
金水　敏

岩波書店

執筆者
学習の手引き　益岡隆志
第1章　　　仁田義雄
第2章　　　益岡隆志
第3章　　　郡司隆男
第4章　　　金水　敏

〈言語の科学〉へのいざない

　私たちが日常，あたりまえのように使っている言語．その言語の性質を解明することは，長年にわたる人間の知的挑戦の対象であった．では，言語を科学的に研究すること，すなわち自然科学的な方法で研究することは可能だろうか．それは可能であり，また必要であるというのが私たちの見解である．

　歴史的に見ても，すでに，紀元前のインドでは形式的な文法体系の記述がなされ，下って19世紀にはヨーロッパの言語を対象とした比較言語学の厳密な方法論が確立されていた．20世紀に至ってからは，初頭の一般言語学の確立を経て，20世紀後半には音韻体系，文法範疇などの形式的記述が洗練され，言語を科学的にとらえる試みは着実に成果を上げてきたと考えられる．

　さらに20世紀以降のコンピュータの発達は，言語現象に対する情報論的視点という新たな見方をもたらした．現在，音声認識・音声合成技術の発展，形式化された文法による構文解析技術を応用した機械翻訳システムの開発など，言語のさまざまな側面が，機械処理の対象となり得るほどに明らかにされつつある．

　しかし，従来の学問観に従う一般的な認識では，言語学は自然科学の一部門ではなく，人文学の領域に属すると見なされる傾向が強いのも事実であろう．本叢書では，言語を一種の自然現象と見なす方法を前提としている．特に，物理学のような典型的な自然科学に範をとるだけでなく，情報のような抽象的な存在を対象にする情報科学など，近年の自然科学のさまざまな方法論に立脚し，言語を，人間が，そして人間のみが，自在にあやつる，情報の一つの自然な形態として捉える見方に立っている．

　そのような言語観に立った場合，さまざまな興味深い知的営みが可能になる．現在どのような分野の研究が言語の研究として行なわれているのか，言語の研究者によってどのような研究対象が設定されているのか，それぞれの研究はどのような段階に至っているのか，また，今後どのような研究が期待されているのかということを，人文系・理工系を問わず，できるだけわかりやすく読者に示すことを試みた．

本叢書はもともと,岩波講座「言語の科学」として刊行されたものである.本叢書の特色は,言語の研究に深く関連している言語学,国語学,言語心理学,言語教育,情報科学,認知科学などの研究分野の,従来の縦割りの枠に捉われず,これらの学問の最新の成果を学際的に統合する観点に立っていることにある.

本叢書のもう一つの特徴は,各巻を研究対象ごとに分けた上で,さまざまな角度からの研究方法を統合的に紹介することを試みたことである.文科系の読者が自然科学的な方法を,また,理工系の読者が人文学的な知識を,無理なく身につけることが可能となる構成をとるように工夫した.

以上のような趣旨をいかすため,各巻において,言語に関する研究の世界の第一線の研究者に執筆をお願いした.各執筆者には,基本的な事柄を中心にすえた上で,ときには最先端の研究動向の一端も含めて,読者が容易に理解できるように解説していただいた.幸いにして私たちの刊行の趣旨を理解していただき,現時点において最良の執筆陣を得られたと自負している.

全体の巻構成と,この叢書がなぜこのように編成されたか,ということを簡単に説明しておこう.本叢書の各巻のタイトルは次のようになっている.

 1 言語の科学入門   7 談話と文脈
 2 音声   8 言語の数理
 3 単語と辞書   9 言語情報処理
 4 意味   10 言語の獲得と喪失
 5 文法   11 言語科学と関連領域
 6 生成文法

「科学」としての言語学という性格を一番端的に表わしているのは,第6巻で解説される「生成文法」という,20世紀半ばに誕生した文法システムであろう.生成文法は言語獲得という事実にその経験的基盤を求める.そこで第10巻『言語の獲得と喪失』では,言語の獲得と喪失が言語の科学とどう有機的に結びつくのかを明らかにする.一方,第5巻では,生成文法誕生以前にさかのぼり,特定の理論的枠組によらない,文法研究そのものを検討する.「文法」に関する2つの巻,およびそれと深く関連する第10巻は,言語学の科学としての性格が特に濃厚な部分である.

第7巻『談話と文脈』は，これとは対照的に，言語の使い手としての人間に深くかかわるトピックを扱う．その意味で，人文学的な研究とも通じる，言語研究の「醍醐味」を感じさせる分野であるが，形式化などの点からは今後の発展が期待される分野である．

　文法に関する2つの巻を第7巻と反対側からはさむ形で第4巻『意味』がある．ここでは，科学的な性格が色濃く出ているアプローチ（第2章）と，言語の使い手としての人間という見方を強く出しているアプローチ（第3章）が並行して提示されているので，読者は意味の問題の奥深さを感じとることができるだろう．

　第2巻の『音声』については，音響に関して物理学的な研究法がすでにある．この巻では，そのような研究と，言語学の中で発達してきた方法論との双方が提示され，音声研究の幅の広さが示されている．

　第3巻『言語と辞書』は音声と意味との仲立ちをする装置としての語彙についての解説である．これも，言語学や心理学の中で開発されてきた方法論と，より最近の機械処理の立場からの研究の双方を提示している．

　第8巻『言語の数理』と第9巻『言語情報処理』は言語科学の研究の基礎的部分の解説であり，特に，数学や情報科学になじみのない読者に必要最小限の知識をもっていただくことを意図して書かれている．これらは，言語科学の技術的側面が最も強く出ている巻でもあろう．言語の研究におけるコンピュータの役割の大きさは，ほとんどの巻にコンピュータに関連する章があることからも明らかであるが，特に言語を機械で扱う「情報」という形で正面から捉えた巻として第9巻を位置付けることができる．

　最後の第11巻『言語科学と関連領域』は，言語の科学そのものに加えて，それに関連する学問との接点を探る試みである．特に，言語の科学は，人間そのものを対象とする心理学，医学，教育学などと深い関連をもつので，それらに関する章が設けられている．

　言語に関わる現象は多岐にわたるが，本叢書の巻構成は言語現象ごとに1ないし2巻をあて，各巻の内容は大筋において独立なので，読者はどの巻からでも読み始めることができる．ただし，第1巻では本叢書の中心的な内容を先取りする形で，そもそも「言語の科学」という課題がなぜ設定されたか，という点について述べているので，まず最初に読むことをお薦めする．

この叢書は，言語学科に学ぶ学生や言語の研究者に限らず，言語に関心をもつ，すべての分野の，すべての年代の人々を読者として企画されたものである．本叢書がきっかけとなって，従来の言語学に何かつかみどころのない点を感じていた理工系志向の読者が言語の科学的研究に興味を示し，その一方で，今まで科学とは縁がないと考えていた人文系志向の読者が言語の研究の科学的側面に関心をもってくれることを期待する．そして，その結果，従来の志向にかかわらず，両者の間に真の対話と共有の場が生まれれば，編集委員としては望外の幸せである．

　2004年4月

大津由紀雄
郡司隆男
田窪行則
長尾　真
橋田浩一
益岡隆志
松本裕治

学習の手引き

　本巻は文法を対象として，その規定の仕方，そこで用いられる基礎概念，および，その研究史について考察を試みるものである（生成文法に関しては第6巻で論じられる）．より具体的に言えば，第1章では文法とは何かということを主として日本語を対象として考察する．第2章では日本語文法の基礎概念を，第3章では（生成文法を除く）いくつかの言語理論における基礎概念を，それぞれ解説する．そして第4章では，日本語文法（「国文法」）の研究史が解説される．以下，それぞれの章の内容を概説し学習の手引きとする．

　まず第1章では，最も根本的な問題である文法とは何かというテーマが取り上げられている．文法をどのように規定するかについては，言語観の違いなどにより，いろいろな内容のものが考えられるが，第1章で提示される文法の規定は，「単語を材料にして当該言語の適格な文を組み立てる際の組み立て規則・法則性」であるというものである．このような規定は，筆者も認めているように，きわめて常識的なものであると言うことができる．文法をこのように規定すれば，当然のことながら，文法分析・文法記述（文法論）の目的は，単語から文への組み立て規則・法則性を明らかにすることになる．言い換えれば，文がその下位的要素からどのように構成されているかという，文の構造を明らかにすることである．

　以上の範囲では，文法および文法論の規定は常識的なものと言えそうであるが，日本語を対象として文法分析・文法記述を行なおうとするとき，単語という単位に関して，一般の日本語文法論とは異なった見方が提示されている．それは，いわゆる助動詞・助詞は単語を構成する要素であり，独立の単語ではない，という見方である．このような考え方に立てば，文法論の対象として，文がその下位的構成要素からどのように構成されているのかということだけでなく，単語がどのような下位的構成要素からなるのかという点も，重要な検討課題になるわけである．

　これに加えて，筆者が力説していることは，文法分析・文法記述の目的に，文の構造を分析・記述することだけでなく，文や単語連鎖が担っている意味の

あり方を明らかにすることも含まれているという点である．かくして，文法論の目的は文と単語の構造を明らかにし，また，所与の文や単語連鎖がどのような意味を担っているのかを明らかにすることであると言える．

次に，文法の基本的単位の一つである文というものの性格を考えておく必要がある．筆者は「文の担い表す意味は，文が言語活動の基本的単位として言語の有している機能を実現するのにふさわしい構造的なあり方をしている」という機能主義的な立場に立つ．そして，その観点から，文の基本的な意味–統語構造は，**命題**(proposition)と**モダリティ**(modality)という質的に異なった二つの層からなるものであるとしている．ここで，命題とは「文の意味内容のうち客体化・対象化された出来事や事柄を表した部分」であり，モダリティとは「命題をめぐっての話し手の捉え方，および，それらについての発話・伝達的態度のあり方を表した部分」であるとされる．さらに，モダリティは，「命題めあてのモダリティ」と「発話・伝達のモダリティ」の2種に分けられる．文の構成に関するこのような見方は，少なくとも現代の日本語文法研究の中では有力な見方であると言えよう．

また，もう一つの基本的単位である単語についても，その性格を見ておかなければならない．筆者が強調している点は，単語は語彙的な意味を表すというだけでなく，文法的な意味や機能を担うという文法的な側面を持っている，という点である．このような主張がなされるのは，すでに指摘したように，筆者がいわゆる助動詞，助詞を自立した単語とはみなさず，単語を構成する要素であるとしているからである．単語に対するこのような見方は，日本語文法研究においては定説であるとは言えず，筆者や一部の研究者の独自の見方である．

単語に関して，もう一点筆者が強調しているのは，単語の語彙的側面がその文法的側面を決定するという点である．その例として筆者が挙げているのが，動詞が表す類的な意味がそれと共起する名詞の種類と数を決定するという事象である．例えば，「外す」「取る」「ちぎる」「抜く」「はがす」「はぐ」「もぐ」などの《取り外し》という類的な意味を表す動詞は，「Nガ」「Nヲ」「Nカラ」という名詞と共起して，「男が壁から額を外したこと」のような構文を形成するのである．

続いて第2章では，文法の基礎概念のうち，主として構造的・形態的概念を取り上げて解説を加えるものである．記述の対象となるのは日本語であるので，

日本語文法における構造的・形態的概念の解説ということになる．

　まず，文の基本構造については，「述語成分」「補足成分」「述語修飾成分」「状況成分」「主題成分」などが挙げられるが，日本語で特に問題になるのは主語成分が認められるか否かという点である．この課題については，「〜が」という成分が構造上優位な位置にあるかどうか，述語と相互依存の関係にあるかどうか，といった点が問題となる．なお，本文では述べられていないが，「〜が」ではなく，「〜に」という成分が主語と認定される場合（「太郎に姉がいること」のような表現の場合）があるかどうかという点も，しばしば論じられる問題である．

　次に，文の基本構造と関係して，単文と複文の区別の問題が取り上げられている．**単文**とは，一つの述語を中心にまとまった構造を持つ文のことであるが，これに対して，複数の述語を含み，それに対応して複数のまとまりからなる文を**複文**と呼ぶ．複文において述語を中心とした各まとまりを**節**という．節はそれ自身で自立できる主節と，主節に何らかの意味で従属することで文の一部となる従属節が区別される．そして，従属節については，主節の主題成分や補足成分を構成する「名詞節」，述語または主節全体を修飾する「副詞節」，名詞を修飾する「連体節」，主節に対して対等な関係を結ぶ「並列節」，の4種類を区別することができる．

　文の基本構造を見たところで，次に，文の中心的成分である述語成分と補足成分に関係する基礎概念がいくつか取り上げられる．具体的には，補足成分に関係する**格**（case）の概念，述語成分に関係する「ヴォイス」「テンス」「アスペクト」「モダリティ」の各概念について説明が与えられている．これらの概念は日本語以外の言語にも有効なものであるが，その内容には日本語に特有の面があるので，注意する必要がある．

　格には，形態的なものと意味的なものがあるが，ここでは形態的な格が検討の対象となる．日本語では，格は「名詞＋格助詞」の形式で表される（ちなみに，第1章では，格助詞は自立した語としては認められず，「名詞＋（いわゆる）格助詞」の形式が単語とみなされている）．日本語における形態的な格は，格助詞の異なりに応じて，「ガ格」「ヲ格」「ニ格」などと呼ぶことができる．ここでは，格の問題に関して，「〜は」という成分（主題成分）との異なり，ガ格とヲ格がそれぞれ一文中に複数個現れる現象，格の交替という現象が観察され

ている．

　続いて，**ヴォイス**(voice)という文法概念が取り上げられるが，この概念については，狭い意味のヴォイスの概念と広い意味のヴォイスの概念が区別されている．ここで詳しく解説する余裕はないが，ヴォイスの規定がどのようになされるかについては特に注意する必要がある．

　テンス(tense)に関しては，発話時を基準として当該の事態の時(過去，現在，未来)を定めるものと規定した上で，日本語のテンスの体系を，述語の基本的な形(基本形)と「〜た」という形(タ形)の用いられ方に基づいて，解説している．さらに，従属節のテンスは，主節のテンスとは異なった振る舞いを示すので注意を要するということが指摘されている．

　次に，**アスペクト**(aspect)については，「動的な事態の時間的な展開における種々の段階(局面)を表すもの」という規定がなされ，様々な形式がアスペクトを表現するという点が詳しく述べられている．特に妥当性が問われる点は，

　　その本はもう読みましたか．

のような文に見られるタ形はテンスの面とアスペクトの面の両方が関係するという指摘である．

　述語成分に関係するもう一つの概念はモダリティである．モダリティの概念については，第1章でも述べられる機会があった．第1章では「命題めあてのモダリティ」と，「発話・伝達のモダリティ」が区別された．このうち後者に当たるものが第2章では「表現類型のモダリティ」(表現・伝達の面から文を類型的に特徴づけるモダリティ)と呼ばれ，「演述型」「情意表出型」「訴え型」「疑問型」「感嘆型」の5種類の表現類型が認定されている．

　最後に，このような5種類の表現類型に基づいて，それぞれの型の文の特徴が記述されている．

　次に，第3章では，「関係文法」「語彙機能文法」「格文法」「一般化句構造文法」「主辞駆動句構造文法」などの文法理論における基礎概念，特に，述語とその補語(述語にとって必須の項)との関係に関わるいくつかの非構造的・非形態的概念が詳しく解説されている．

　まず，主語や目的語などの**文法関係**(grammatical relation)を他の何ものにも還元できない，一次的な概念として用いる関係文法や語彙機能文法の見方が紹介される．例えば，受動文は，関係文法では「能動文の目的語が受動文の主

語になっている」のように普遍的に規定されると主張される．関係文法では，文構造に複数の層を認め，初期層における文法関係と表層の文法関係との間で変更があり得ると考えているのである．

これに対して，一つの層のみからなると見る語彙機能文法では，受動文は，能動態の動詞と受動態の動詞を別々に設定し，これらを語彙規則によって対応づけることによって処理するということが主張されている．

文法関係に関しては，さらに，関係文法において，「主語-直接目的語-間接目的語-斜格目的語」という内容の階層性が存在するとされ，このような階層性を**斜格性**(obliqueness)と呼んでいる．斜格性が関わる文法現象には様々なものがあるが，日本語の格助詞の決定はその例の一つである．すなわち，斜格性の一番低い項が「が」を伴い，次に低い項が「を」を伴い，その次に低い項が「に」を伴うことが多いというような一般化が得られるわけである．

さらに，斜格性の観点からは，先に見た受動文も，目的語をより斜格性の低い主語に昇格させる現象であると言うことができる．

次に，**意味役割**(semantic role)という文法概念が取り上げられる．意味役割というのは，「動作主や受益者などの，一つの動詞がとる項の意味的な性質」のことである．文法記述において意味役割という概念が一定の説明力を有するにしても，この概念には，「動詞によらない普遍的な意味役割の集合をあらかじめ規定しておくことは困難である」，「命題的な意味だけでなく，どのような視点で現象をみるかに依存する」，「意味役割と述語の項との一対一対応が成り立たない場合がある」といった問題点が指摘されている．

これらの問題点を克服するものとして，言語学的に意味のある一般化が得られるような場合に限って意味役割という概念を用いることにした上で，「プロトタイプ」(典型)の概念を導入することにより意味論的に意味役割を規定しようとする試みがある．参考までに，このような試みにおける「典型的動作主」と「典型的受動者」の意味論的性質を示しておこう．

まず，典型的動作主のほうは，「事象ないし状態に意図的に関与する」，「意識的であり感覚を持つ」，「事象や他の関与者の状態変化を引き起こす」，「他の関与者に対して相対的に移動する」と規定されている．

一方，典型的受動者の性質は，「状態の変化を伴う」，「累加的対象である」，「他の関与者によって引き起こされたことの影響を受ける」，「他の関与者に対

して相対的に静止している」とされている．

最後に，**下位範疇化**(subcategorization)をめぐる議論に一言触れておこう．下位範疇化とは「句の中の中心となる要素がとる項の数と種類によって範疇を下位分類していく」というものである．この下位範疇化という概念を組み込んだ文法理論に**一般化句構造文法**(GPSG)がある．さらに，下位範疇化というのは句の中心となる要素が担っている語彙情報であるから，このような語彙情報が豊かなものであれば，文の構造についての情報は十分に得られるはずである．**主辞駆動句構造文法**(HPSG)はこうした可能性を追求している文法理論である．語彙情報に重きを置くこのような文法を「語彙主義」の立場に立つ文法であると言うことができる．

第4章では，**国文法**の研究史が考察の対象となる．第4章における「国文法」は，「山田孝雄，松下大三郎，橋本進吉，時枝誠記を代表とする文法学説およびその影響下での文法研究」と定義される．そして，このような意味での国文法の研究史を見るに当たって，まず日本語研究の歴史が概観される．

古代・中世では本格的な文法研究は行なわれず，わずかに，漢文訓読の世界で「てにをは」(現代でいうところの助詞・助動詞の総称)に着目したり，和歌を詠む世界で「てにをは秘伝書」と総称されるような書物——そこでは特に，「係り結び」と称される現象が注目された——が生み出され，伝えられたことが挙げられるに過ぎない．

これに続いて，江戸時代において「国学」の開花に伴って実証的な古典語研究が発展した．その成果として，古代語の音韻論，動詞活用を中心とする形態論，漢語学を下敷きとする品詞分類といった分野の研究が進められた．これらの中で特に，本居春庭流の動詞活用論は後の時代の国文法の研究に多大の影響を与えた(本居春庭流の動詞活用論については4.3節で詳説されている)．

明治時代に入って，主として文語を対象とする文法書が多数出版されるようになった．その中で大槻文彦の『広日本文典』と『日本文典別記』は，国学の伝統と洋学の知識を折衷した文典として注目される．この時代に出版された文典としては最も早いものであり，後の時代に大きな影響を及ぼした文典である．

その次に登場するのがいわゆる"大文法家"の文法研究，すなわち，山田孝雄，松下大三郎，橋本進吉，時枝誠記の研究である．このうち，山田孝雄の文法論はW. M. Wundtの心理学の影響を受けており，「文法現象を精神作用の面

から根拠付ける傾向が強い」という点が特徴的である．

　松下大三郎の文法論は，「言語全般に対する洞察力と，記述に際してのバランス感覚，体系への見通しなどにおいて卓越したものがある」．また，文語文法の研究が優勢であった時期に優れた口語文法書を書いたことも高く評価されよう．

　橋本進吉の文法論は，「学校文法」に取り入れられたことから，一般には最もよく知られたものである．その特徴は，形態面を重視し，意味の面についてはほとんど問題にしない点にある．

　時枝誠記の文法論は「言語過程説」という独自の言語観に立脚しており，品詞分類や文構造論においても「詞」と「辞」という，これまた独自の概念が用いられている．

　以上が，国文法研究の歴史のあらましであるが，この章では，これに続いて統語論に関する研究史や山田孝雄の文法理論が取り上げられている．このうち，統語論については，橋本進吉の「文節文法」，時枝誠記の「入れ子型」モデル，叙述と陳述という概念を中心として独自の構文論を構築した渡辺実の論，「時枝文法において表されていた文の立体的な論理構造を生かしながら，それをさらに精密化していった」北原保雄の論，などの詳細が解説されている．そして，これらの学説の間に克服しがたい対立が生じる原因として，日本語における形態論的構造と，文が表す論理構造の間にずれが存在するという特徴が指摘されている．

　また，山田孝雄の文法理論は，文を成立させている精神作用を「統覚作用」と呼ぶ．**統覚作用**とは「主意観念と賓位観念の異同を判定し事態を承認するところの「繫辞」を支える作用である」．そして，述語における統覚作用の現れを「陳述」と呼んだのである．その上で，「は」を含む「係助詞」を，陳述に直接影響を及ぼすもの，すなわち，「統覚作用の直接の表示であるところの繫辞」であるとした．山田のこのような考えはその後，森重敏や川端善明等多くの研究者に影響を与え，認識と表現の相関について深い思索が展開されてきているのである．

　以上が，各章の概要である．本巻を読まれた方は，あわせて第6巻『生成文法』をお読みいただきたいと思う．

目　　次

〈言語の科学〉へのいざない ･････････････････ v
学習の手引き ･･････････････････････････ ix

1　文法とは何か ･･････････････････････ 1
1.1　本章の基本的立場 ･･･････････････････ 3
1.2　文　　法 ･･････････････････････････ 4
1.3　文法論（文法記述）･･･････････････････ 6
1.4　文法分析・文法記述の範囲 ･････････････ 9
1.5　文の構造と意味 ･････････････････････ 11
　　(a)　文の基本的な意味 ･･････････････････ 11
　　(b)　取り立ての意味 ････････････････････ 14
　　(c)　文 の 成 立 ･････････････････････････ 17
　　(d)　命題の形成 ････････････････････････ 20
1.6　文法カテゴリ ･･･････････････････････ 25
　　(a)　用言の有する文法カテゴリ ･･･････････ 27
　　(b)　名詞の有する文法カテゴリ ･･･････････ 31
　　(c)　形態的な配列のあり方と文法的な働き方 ･･ 32
1.7　単　　語 ･･････････････････････････ 33
　　(a)　語彙–文法的単位としての単語 ････････ 33
　　(b)　形 態 素 ･･･････････････････････････ 35
　　(c)　語形群としての単語 ････････････････ 36
1.8　単語の語彙的特性と文法的機能 ･････････ 37
　　第1章のまとめ ････････････････････････ 40

2　文法の基礎概念 1──構造的・形態的概念 ･･･ 41
2.1　言語表現における構造 ････････････････ 43
2.2　文の基本構造 ･･･････････････････････ 44
2.3　単文と複文 ･････････････････････････ 47

xviii　目　次

- 2.4 述語成分と補足成分における基礎概念 ········ 50
  - (a) 格 ······················· 50
  - (b) ヴォイス ···················· 54
  - (c) テンス ····················· 60
  - (d) アスペクト ··················· 64
  - (e) モダリティ ··················· 68
- 2.5 表現から見た文の類型 ·············· 71
  - (a) 演述文 ····················· 71
  - (b) 情意表出文 ··················· 72
  - (c) 訴え文 ····················· 74
  - (d) 疑問文 ····················· 75
  - (e) 感嘆文 ····················· 77
- 第2章のまとめ ···················· 78

3　文法の基礎概念2——述語と項の関係 ······ 79

- 3.1 文法関係の規定 ················· 81
  - (a) 格助詞 ····················· 81
  - (b) 語順 ······················ 82
  - (c) 意味 ······················ 84
  - (d) 文法関係の独自性 ················ 86
  - (e) 斜格性 ····················· 89
- 3.2 意味役割 ···················· 94
  - (a) 意味役割の問題 ················· 94
  - (b) プロトタイプとしての意味役割 ·········· 99
  - (c) 意味役割とコントロール ············· 102
  - (d) 意味役割と文法関係 ··············· 108
- 3.3 統語構造と下位範疇化 ·············· 111
- 第3章のまとめ ···················· 117

4　国文法 ······················ 119

- 4.1 「国文法」は必要か ················ 121
- 4.2 日本語文法研究の流れ ·············· 125
  - (a) 古代・中世 ··················· 125

	(b)	国学の開花 ・・・・・・・・・・・・・・・・	*127*
	(c)	近代的文典と大文法家の時代 ・・・・・・・	*129*
	(d)	戦後の研究 ・・・・・・・・・・・・・・・	*131*
4.3		形態論：八衢流の活用論 ・・・・・・・・・・	*131*
	(a)	学校文法 ・・・・・・・・・・・・・・・・	*131*
	(b)	八衢流活用表の成立 ・・・・・・・・・・・	*135*
	(c)	八衢流活用表の特徴と問題点 ・・・・・・・	*138*
4.4		統語論 ・・・・・・・・・・・・・・・・・・	*140*
	(a)	橋本文法（学校文法） ・・・・・・・・・・	*141*
	(b)	松下文法 ・・・・・・・・・・・・・・・・	*143*
	(c)	時枝文法 ・・・・・・・・・・・・・・・・	*144*
	(d)	渡辺実『国語構文論』・・・・・・・・・・・	*146*
	(e)	北原保雄『日本語助動詞の研究』・・・・・・	*148*
	(f)	形態か論理か ・・・・・・・・・・・・・・	*150*
4.5		山田文法・係り結び・判断 ・・・・・・・・・	*152*
4.6		世界の言語学と「国文法」・・・・・・・・・・	*156*
第4章のまとめ ・・・・・・・・・・・・・・・・			*157*

用語解説 ・・・・・・・・・・・・・・・・・・・・ *159*
読書案内 ・・・・・・・・・・・・・・・・・・・・ *161*
参考文献 ・・・・・・・・・・・・・・・・・・・・ *165*
索　引 ・・・・・・・・・・・・・・・・・・・・・ *173*

1
文法とは何か

【本章の課題】

　人間の言語は，文法を有することによって，有限の形式で無限に多様な内容を伝達することを可能にした．その結果，文と単語が，文法の基本的単位として分化してきた．本章では，文法記述は，単語と文に基礎を置きながら行われるべきである，という立場を取る．文法記述の目的は，単語から文への組み立て法則を明るみに出すことである．したがって，文とはどういった存在であり，単語とはどういった存在であるかを明確にすることが，本章の重要なテーマになる．

　文(sentence)は，考えや感じを明確にしたり，考えたことや感じたことや意志や要求などを相手に伝えたりする，といった言語活動の基本的単位である．文が言語活動の基本的単位でありうるのは，文の担っている構造が，言語活動において文が果たすべき機能を実現するのにふさわしいあり方をしているからである．文構造に対する分析・記述を，言語の担い帯びている機能をも分析・記述できるあり方で行いたい，というのが，本章の一つの姿勢である．機能をも記述できるようにするには，文の担っている意味内容を，文の表現形式を捉えながら，きめ細かく十全に分析・記述することが必要である．そういった考えのもと，文の基本的な意味–統語構造として，命題とモダリティの二つの層を抽出した．

　さらに，単語を語彙–文法的単位として位置づけ，単語の語形群によって形成される文法カテゴリの取り出しに努め，語彙的意味と文法的な振る舞い方に密接な相関関係のあることを示そうとした．本章でいう単語は，いわゆる学校文法でいう単語とは異なり，助動詞・助詞は，単語の構成要素であり，独立の単語とは認めない．

1.1 本章の基本的立場

　主要な言語研究そして文法研究の一つに，いわゆる形式主義(formalism)と呼ばれる立場がある．言語を文の集合として捉え，それら無数の文を生成する条件・規則・原理の集まりを文法と捉えるものである．また，統語論(syntax)は，他の領域から自立した構成や機能を持った存在として見なされている．さらに，この立場にあっては，人間の持っている，言語(たとえば日本語)に対する知識とはどういったものなのか，そのような知識をいかに獲得するのか，といった問いに答えることを主要な目標としている．これは，言語の思考に関わる側面を重視する立場と言えよう．こういった行き方も重要ではあろうと思われるが，本章では，こういった行き方を取らない．

　本章では，言語活動の主要な目的は，人間を社会的に相互に結び付けあうことである，と捉えている．人間は，言語を用いて思考・認知活動を行っているのであるが，人間の行う思考・認知活動は，そうでない場合があるにしても，基本的に伝達を目指してのものである．言語は，思考と伝達の媒体としての機能を有している．言語そして文が今あるような構造をしているのは，人間の行っている思考・伝達の機能を果たすためであろう．言語の構造は，言語の機能を反映して存在しているであろうし，言語の機能は，言語の構造の規定を受けて存在・現実化しているにちがいない．そうであれば，言語そして文の構造の分析・記述にあっても，言語の担っている機能をも説明できる形で行うことが望ましく必要である，というのが，本章の基本的な立場である．

　また，本章では，いわゆる助動詞・助詞は，単語の構成要素であり，独立の単語ではない，という立場を取っている．なぜ，こういった立場を取るのかをごく簡単に述べておく．たとえば，「行ク」だけでなく，「タ」「マス」を，ともに独立の単語と認めれば，どういうことが起こるのかを少しばかり考えてみよう．

(1)　今 行った．
(1′)　今 行く．
(1″)　今 行きます．

助動詞を独立の単語とする立場に立てば，(1)の下線部は「行ク」と「タ」の2

単語から成り立ち，(1′)は「行ク」1単語から成り，(1″)は「行ク」と「マス」の2単語からでき上がっていることになる．(1)については，「タ」の存在によって，過去というテンス(tense，時制)的意味を捉えることができるが，(1′)に対しては，「行ク」という動詞だけであるのだから，テンスについては未指定である，ということになってしまう．しかし，(1′)の「行ク」は，未来といったテンス的意味を帯びている．(1′)「行ク」の帯びているテンス的意味を的確に捉えるためには，「行ク」を「行ッタ」と対立させて捉えることが必要になる．対立させて捉えるためには，「行ク」を動詞 /行ク/ の語形であるとするとともに，「行ッタ」についても，語形であるとすることが必要になる．

　また，「行ク」は，テンスだけを担い表しうる語形ではない．丁寧という丁寧さを帯びた(1″)の「行キマス」(これが丁寧さを帯びた形式であることは，「マス」の存在から見やすい)といった形式との対立から，丁寧さについて未指定ではなく，普通という丁寧さを帯びた語形であることが明らかであろう．やはり，「行ク」と「行キマス」を語形として，対立させて捉えることが必要になろう．さらに，「行ッタ」「行キマス」にしても，過去というテンス的意味や丁寧といった丁寧さだけを帯びているのではない．「行ッタ」は，丁寧さについても普通という意味を帯びているし，「行キマス」は，テンスとして未来という意味に指定されている．「タ」を過去を表す単語，「マス」を丁寧を表す単語として，動詞から切り離してしまったのでは，このような，動詞の担い表す文法的意味を的確に捉えることは困難である．「行ク」「行ッタ」「行キマス」を語形群として相互に対立させながら捉えることが必要である．助詞にしても，助動詞に比べて自立性は高いものの，やはり，名詞などの文法的意味や文法機能の表示者として，名詞などとともに扱う方が，名詞の帯びる文法的意味や文法的機能の的確な分析・記述が可能になろう．

1.2　文　　法

　文法(grammar)とは何かといったことを，きわめて簡単に言ってしまえば，おおよそ次のようになろう．文法とは，単語から文が形成されるにあたっての法則・きまりである．言い換えれば，単語を材料にして当該言語(たとえば日本語)の適格な文を組み立てる際の組み立て規則・法則性が文法である．文法

1.2 文　　法　　5

に対するこういった捉え方は，きわめて常識的であり，目新しさはない．しかし，常識的であるということは，一方ではその分それだけ確からしさを有している，といったことでもある．

　この捉え方は次のようなことを意味している．言語活動の所産として存在するのは，一文で形成されていることもないわけではないが，通例，いくつかの文が集まって意味的に一つのまとまりを成している文章・談話(discourse)である．その中に具体的に観察しうる文は，通例，分割を許さない未分化な全一体ではなく，下位的構成要素から成る構築物である．つまり，文を組み立てる構成材が単語であり，単語は，文の形成にあたって文の下位的構成要素を成し，下位的構成要素(文の成分)が組み合わさって，統一体的全体である文が構築される．

　文が統一体的全体であるということは，文が下位的構成要素から成る構造を有している，ということである．文が内部構造を有しているのは，文の本質の一つである．われわれの言語活動が未分化ないわゆる一語文的存在を越えたとき，たとえて言えば，言語活動の所産が，「あれっ？」や「おーい！」から，「ここに置いた僕の帽子は，どこに行ったんだろう．」や「山田君，こちらに来てくれ！」に発展したとき，単語と文との分化が起こり，それをつなぐ存在として文法が立ち現れ，文が内部構造を持つようになる．これは，単語と文が，文法にとって基本的・一次的存在であるということを示している．本章では，こういった文法を研究する領域・分野である文法分析・文法記述に対して，単語と文に基礎を置く文法分析・文法記述を取るといったことを意味している．単語と文に基礎を置く文法分析・文法記述といった立場を取る代表的な研究には，奥田(1985)や鈴木(1972, 1996)などがある．

　単語はそれ以上分割できないわけでない．単語は意味を有する最小の要素である**形態素**(morpheme)から成る．形態素(1.7節(b)参照)は，単語が文の材料として文を構成することによって生じた．

　　　男が部屋に入り，泥棒を捕まえた．

といった文を形成するために，[男]や[泥棒]という単語は，「男ガ」や「泥棒ヲ」という語形を取り，〈男〉と〈ガ〉や〈泥棒〉と〈ヲ〉，といった形態素の結合として実現し，[入ル]や[捕マエル]という単語は，「hairi」や「tukamaeta」という語形を取り，〈hair–〉と〈–i〉や〈tukamae–〉と〈–ta〉，といった形態素に分

けられる．また，形態素は，「sikar–arer–u(叱ラレル)」や「ふな-びと」のように，単語が複雑になり，単語の担う意味が単一でなくなることによっても，単語の構成要素として立ち現れてくることになる．

文には，外的表現形式と，その表現形式に託され伝達される意味内容とが，存在する．人間の感覚器官でその差異を識別し，それぞれを同定しなければならない表現形式・表現手段は，人間にとってその識別・同定が可能であるために，有限，さらに言えば，かなり数の限られたものでなければならない．それに対して，人間の多様な営みや次から次へと生じてくる新しい状況に対応するために，文によって伝えうる意味内容は無限である必要がある．われわれの言語は，無限に多様な意味内容にそっくりそのまま未分化な表現形式を1対1に対応させるのではなく(これでは無限の表現形式が必要になる)，ごく少数の〈音素〉(音韻)を用意し，それを組み合わせて単語を作り，さらに，処理可能な程度の数の単語とさほど多くない文法規則から，無数の文を作り出すことを可能にした．単語と文法が存在することによって，有限の表現手段を用いて無限に多様な伝達内容を表し分けることが可能になった．

1.3 文法論(文法記述)

単語を材料にしてその言語の適格な文を組み立てるにあたっての組み立て規則・法則性が，その言語の文法であった．そして，このような文法を研究する言語学の一領域(分野)が，**文法論**(文法記述)である．もっとも，文法論における研究・学説を指して，文法と呼ぶことがある．松下文法，山田文法や変形生成文法(transformational generative grammar)，成層文法(stratificational grammar)などといった言い方がこれである(古いものではあるが，大塚(1955)に，規範文法，歴史文法，構造主義の文法といった文法の種類や，文法の取り扱い対象についての簡潔な記述がある)．

文法が上述のようなものであるということは，文法分析・文法記述の目的は，当該言語の適格な文が単語を材料にしてどのように組み立てられるのかといった，単語から文への組み立て規則・法則性を明らかにすることである．規則の抽出にあたっては，なるたけ包括的でかつ明示的でなければならない．究極の目的は，その組み立て規則に従って単語を組み立てていきさえすれば，誰でも，

当該言語の適格文のみを形成することができ，不適格な文を形成することがない，といった規則群総体を取り出すことである．

　文が下位的構成要素からどのように構成されているかを明るみに出す，ということは，文において下位的構成要素（文の成分）が織りなす文の構造を分析・記述するとともに，文を形成するにあたって，下位的構成要素を成す単語の組み立て規則・法則性を取り出すことでもある．言い換えれば，文法分析・文法記述とは，文が下位的構成要素からどのように構成されているかを分析・記述するとともに，単語がどのような下位的構成要素を成し，どのように文を形成するかを分析・記述することである．下位的構成要素を成す単語が文をどのように形成するかとは，単語が下位的構成要素を成すことを通して，文形成にあたってどのような振る舞い方をするかということである．文法分析・文法記述にあたっては，文の構造が分析・記述されるとともに，下位的構成要素を成す単語の文法的な振る舞い方 (syntactic behavior) が明らかにされることが必要になる．これは，単語から文への組み立て規則の中には，一般的なものもあれば，単語のクラス，さらにそのサブクラスによって異なる，個別性のそれなりに高い規則も存する，といったことを示している．

　文が一つの統一体的全体を成すのは，そもそも文の担い伝えている意味内容がひとまとまりとしての統一性・全体性を有しているからに外ならない．下位的構成要素は，文の担い伝える意味内容がまとまり性を持つように，組み立てられていく．そういった下位的構成要素によって織りなされた関係のあり方が文の構造である．したがって，意味的なまとまり方を無視しては，文や単語連鎖の構造を分析・記述することはできない．単語連鎖や文に存在する構造は，それが担う意味内容のまとまり方を反映している．

　たとえば，
(2)　波の高い海 が好きだ．
(3)　象の小さい目 が好きだ．
の下線部を考えてみよう．これらは，いずれも「ノ格の名詞＋連体形の形容詞＋（主要語として働く）名詞」といった同じ単語連鎖を有している．しかし，(2)の下線部の構造は，

　　[[波の高い]海]
であって，

　　　　［波の［高い海］］

ではない（「高い海」は意味的に整合性を持った単語連鎖を成さない）．それに対して(3)は，

　　　　［象の［小さい目］］

であって，

　　　　［［象の小さい］目］

ではない．(2)では，「波が高い海」のように，三上(1953)の言ういわゆる「ノ－ガ可変」が適用可能であるが，(3)の「ノ」を「ガ」に変えることはできない．(2)と(3)の構造の異なりは，意味内容のまとまり方の異なりの反映である．下位的構成要素は，意味内容が整合性を持ったまとまりを成すように，結び付いていく．そして，そのことによって，下位的構成要素群によって織りなされた構造が形作られていく．(2)(3)の例が示すように，文や単語連鎖の構造は，それが担い表している意味のまとまり方を無視しては，分析・記述することができない．

　さらに，

　(4)　彼は読んだ．

　(5)　本は読んだ．

といった例を考えてみよう．これも，「名詞＋ハ」＋「動詞」という同じ単語連鎖を有している．これらに対して，［主題＋解説］という構造分析・構造記述を行うだけでは不十分である．(4)と(5)には，(4)が

　　　　［彼ガ＋(何カヲ)＋読ンダ］

のガ格名詞が主題化したものであるのに対して，(5)は

　　　　［(誰カガ)＋本ヲ＋読ンダ］

のヲ格名詞が主題化したものである，といった異なりが存する．言い換えれば，(4)と(5)は，あるレベルで構造が異なっている，ということである．したがって，例文(4)(5)の構造分析・構造記述として，［主題＋解説］といった同一性が指摘されるだけでなく，［主体＋動作］［対象＋動作］とでも表示できそうな差異性が取り出されることが必要になろう．

　文法分析・文法記述の目的は，文の物質的側面である外的表現形式を，その文が担い伝えたであろう意味を過不足なく捉えることができるあり方で，構造化(言い換えれば，構造を抽出し，そのあり様を分析・記述)することである．

したがって，文の意味として，どのようなものを設定するのか，どこまできめ細かく取り出すのかが，文法分析・文法記述の精度やあり方に大きな影響を与えることになる．いずれにしても，文の担っている意味を無視しては，文法分析・文法記述は成り立たない．

1.4 文法分析・文法記述の範囲

すでに述べたように，その言語の適格な文が単語を材料にしてどのように組み立てられるのか，といった単語から文への組み立て規則・法則性を明らかにすることが，文法分析・文法記述の目的であった．もっとも，文章・談話にも，文とは異なった統一性があり，文のつながりにも一定の法則性が存在する．しかし，それにしても，文から文章・談話への形成には，単語から文への形成ほど厳格な規則性が存するとは考えられず，文章・談話の構成そのものを全体的に文法分析・文法記述の対象にするには，無理があろう．

もっとも，文は，通例単独では存在せず，文章・談話といった文連続・連文の中に存在する．文連続の中に存在するということを受け，文は，通例，前後に存在する文連続から何らかの影響を受けて存在している．また，それぞれの文には，文連続中の他の文とのつながり・関係のあり方を表す情報が，含まれていることが少なくない．言い換えれば，通例，文の多くは，文連続中の他の文との関係を何らかのあり方で信号化している．したがって，文章・談話の構成そのものを文法分析・文法記述の対象にしないにしても，文の表現形式に裏打ちされた文脈情報は，文法分析・文法記述の対象にする必要があろう．

文の有している文脈情報が，表現形式のあり方から来る文法的なものなのか，それとも，文を構成している要素の語彙的意味のあり方から来るものなのかを，截然と分けることは困難であろう．両者は，つながり連続しているだろう．

(6) 本 が机の上に置いてある．{表紙 は濃い緑だ／持ち主 は山田だ}．

(7) 本 が机の上に置いてある．{屋根 は濃い緑だ／建物 は鉄骨だ}．

(6)の第2文が，「机ノ上ニ置イテアル本ノ{表紙／持チ主}」というあり方で，第1文につながっていくのは，「表紙」や「持チ主」が，「何カノ{表紙／持チ主}」というあり方でなければ，意味的に独り立ちしない名詞だからである．この種の文において，先行文へのつながりが生じているのは，意味的な要因によ

るものである．したがって，(7)において，第2文が第1文に結びついていかないのは，第1文の「本」が，第2文の「何カノ屋根」に必要な「何カ」を意味的に担いえず，「建物」が意味的に独り立ちする名詞であることによっている．
　また，

(8)　鯨が泳いでいる．∅ とてもでかいやつだ．

の第2文は，「(泳イデイル鯨ハ)トテモデカイヤツダ」と解釈されることによって，第1文につながっていく(ここで ∅ は要素が表現形式に現れていないことを示す)．これは，第2文がガ格にあたる要素を顕在化させていないことによる．必要な要素を表現形式の上に顕在化させない，といったことが，一つの表現形式のあり方であることによって，(8)の第2文における文脈情報の発生は，(6)に比して，もはや文の表現形式に裏打ちされた文法的な現象へと歩を進めている．
　さらに

(9)　部屋の明かりがまだついている．会議が続いているんだろう．
(10)　「雨が上がった．」「では，出掛けようか．」
(11)　雨が上がった．で，出掛けた．
(12)　雨が上がった．でも，出掛けなかった．

などになれば，後文の前文へのつながりは，「ノ(ダロウ)」「デハ」「デ」「デモ」といった顕在化している要素によって招来させられている．これの有している文脈情報は，表現形式のあり方から来る文法的なものである．通例この種のタイプは，2文の意味的な関係のあり方を設定するものであり，後続文として出現する文に制限を付与する，といった強いものではない．たとえば，(12)は，コンテキストさえ許せば，「雨が上がった．でも，出掛けなかった．」だけでなく，「雨が上がった．でも，出掛けた．」「雨が上がった．でも，出掛けるな．」「雨が上がった．でも，出掛けろ．」のように，いろいろな文が来うる．それに対して，(10)では，

(13)　「雨が上がった．」「*では，出掛けた．」

のように，過去の特定の時に生起した出来事を表す文を後続文として取ることはできない(* は逸脱性を有し適格でないことを示す)．「デハ」による文脈情報付与は，前後2文にある意味的関係を設定するだけでなく，後続文に制限を加える点で，まさに文法分析・文法記述の対象である(文の文脈情報についての

詳しい分析・記述について，林(1973)を参照).

1.5 文の構造と意味

文法にとって単語と文が基本的単位であった．そこで，まず，文について述べていく．

(a) 文の基本的な意味

文に対してよりきめの細かい文法分析・文法記述を施すには，文の担い帯びている意味内容がより十全に取り出されていることが要求される．ここで，文とはどのような意味内容を有した存在であるのか，そして，文の担い帯びている意味内容は，どのようなところから招来されたものであるのか，といったことについて，少しばかり考えておこう．

すでに述べたように，私たちは，現実との関わりの中で，言語を利用することによって，考えや感じを明確にしたり，また，考えたことや感じたことや意志や要求を相手に伝えたりしている．このような言語の働きを捉えて，言語を用いて思考し，言語でもって伝達を行っている，という．いわば，言語は，思考と伝達の媒体としての機能を有している．言語の有している思考・伝達の機能は，文が言語活動の基本的単位として存在することによって，文に託され担わされて実現している．したがって，文は，そして文の担い表す意味は，文が言語活動の基本的単位として言語の有している機能を実現するのにふさわしい構造的なあり方をしている．

言語の有している思考・伝達の機能を実現するために，文の基本的な意味–統語的構造は，少なくとも，**命題**(proposition，言表事態)と**モダリティ**(modality，言表態度)といった質的に異なった二つの層から成り立っている．(仁田(1991)や益岡(1991)などを参照．これらについては第2章でも詳しく扱われているが，ここでは，文の意味の形成といった観点から，少しばかり述べておく．)命題とは，話し手が外界や内面世界との関係において描き取ったひとまとまりの事態，文の意味内容のうち客体化・対象化された出来事や事柄を表した部分である．それに対して，モダリティとは，命題をめぐっての話し手の捉え方，および，それらについての話し手の発話・伝達的態度のあり方を表し

た部分である．

　今，命題の部分によって担われている意味を，命題的意味と仮に呼び，モダリティの部分によって表されている意味をモダリティ的意味と仮称すれば，日本語の文の基本的な意味–統語的構造は，おおよそ，

| 命題（的意味） | モダリティ（的意味） |

のように，モダリティ（的意味）が命題（的意味）を包み込む，といったあり方を取って成り立っている．つまり，文の意味は，少なくとも命題的意味とモダリティ的意味から構成されている，といえる．たとえば，

　（14）　ねえ困ったことにたぶんこの不景気当分続くだろうね．
といった文で，この両者を例示すれば，おおよそ，

| ねえ困ったことにたぶん | この不景気当分続く | だろうね |

のようになろう．おおよそ，[コノ不景気ガ当分続ク]コトがこの文の命題的意味に当たり，それ以外の部分がモダリティ的意味を担い表している．たとえば，「ネエ」「ネ」が聞き手への発話・伝達的態度のあり方を，「困ッタコトニ」が命題に対する話し手の評価的な捉え方を，「タブン」「ダロウ」が命題に対する話し手の認識的な把握のあり方を，それぞれ担い表している．

　モダリティは，大きく**命題めあてのモダリティ**と**発話・伝達のモダリティ**の2種に分けられる．命題めあてのモダリティとは，基本的に発話時における話し手の命題に対する認識的な捉え方・把握の仕方を表したものである．それに対して，発話・伝達のモダリティとは，文をめぐっての発話時における話し手の発話・伝達的態度のあり方，つまり，言語活動の基本的単位である文が，どのようなタイプの発話–伝達的役割・機能を担っているかを表したものである．

　文は，命題と命題めあてのモダリティの存在によって，思考の媒体たりえ，

1.5 文の構造と意味

発話・伝達のモダリティの存在によって，伝達の機能を果たしうる．

例文を少しばかり追加して，命題(的意味)および命題めあてと発話・伝達のモダリティ(的意味)について，ごく簡単に見ておこう．

(15) これならば恐らく間違いは起こりますまい．
(16) どうやら，秀夫と孝の間には別のやばい話が有ったようだ．
(17) 僕の車でお送りしましょう．
(18) キミ，誤解しないでくれよ．

(15)から(18)の命題的意味は，それぞれ，［コレナラバ間違イガ起コラナイ］コト，［秀夫ト孝ノ間ニ別ノヤバイ話ガ有ッタ］コト，［僕ガ(アナタヲ)僕ノ車デオ送リスル］コト，［キミガ(アル事ヲ)誤解シナイ］コト，のように，略式表記できよう(命題の構成については，後で少しばかり触れる)．

そして，それぞれの命題は，(15)では「マイ」に担われ，「恐ラク」によってその程度性を表し分けられる〈推量〉といった命題めあて的意味でもって，(16)では「ヨウダ」および「ドウヤラ」によって表されている〈徴候の元での推し量り〉，といった把握のあり方でもって，捉えられている．さらに，(15)から(18)のすべては，発話・伝達の基本的単位としての機能を果たすために，発話・伝達の機能類型や発話・伝達的態度を表した発話・伝達のモダリティを帯びることになる．(15)は，情報伝達といった発話・伝達の機能類型と，「マス」によって担われている聞き手への丁寧な述べ方を含んでいる．それに対して，(16)は，相手のいる場面では，情報伝達といった発話・伝達の機能類型と，聞き手への普通(丁寧でない)の述べ方を含んで発せられたものになる(ただし，(16)は，述べ方が普通体であることによって，聞き手への情報伝達を目指さない独り言に止まりうる．独り言も発話・伝達の機能類型の一種だろう)．また，(17)は，申し出といった発話・伝達の機能類型と，「マス」によって担われている聞き手への丁寧な述べ方を含んでいる．さらに，(18)は，依頼といった発話・伝達の機能類型，および「ヨ」によって表されている聞き手への副次的な持ちかけといった伝達態度に包まれている．

文法分析・文法記述は，文の表現形式を分析・記述することを通して，文の意味内容を十全に捉えなければならない．たとえば，「明日入学式が行われる．」「明日入学式が行われます．」「明日入学式が行われるだろう．」「明日入学式が行われるようだ．」「明日入学式が行われますか．」「明日卒業式が行われるだろ

う.」など, といった文群の担い表している意味内容の異なりと似かよいが, 過不足なく分析・記述されなければならない. そのためには, 文の意味内容を一面的・同質的に捉えるのではなく, 述べてきたように, 少なくとも命題的意味とモダリティ的意味に振り分けながら分析・記述していくことが, 必要になろう.

(b) 取り立ての意味

文は, その意味内容に, 少なくとも命題的意味とモダリティ的意味とを含んで存在している. 命題的意味は, 文の担っている意味内容のうち, ひとまとまりの事態という客体化・対象化された内容を担っている部分である. そういうことからすれば,

(19) 集会に 三百人も 集まった.

(20) 集会に 三百人しか 集まらなかった.

は, ともに, [集会ニ三百人ガ集マッタ]コトといった同一の出来事・事柄を表している. 言い換えれば, 同一の命題内容を表している. (19)は, ガ格成分中の「三百」を多いと評価した, という数量に対する話し手の主体的な捉え方を含んでおり, それに対して, (20)は, 「三百」を少ないと評価するという, 話し手の主体的な捉え方を含んでいる. 事態の内実に変更を迫らない, という点でも, この「モ」や「シカ」に託されているこれらの意味は, 基本的に, 命題をめぐっての話し手の主体的な捉え方を表すところのモダリティ的意味にほぼ当たる. (これらは, いわゆる取り立て助詞と言われるものである. 自立する語を**詞**と呼び, 自立しない要素を**辞**と呼び区別する従来の立場からすれば, いわゆる助詞は, 助辞と呼ばれるべきであろう. したがって, 本章では, 取り立て助詞と呼ばず, 取り立て助辞と呼ぶ.) このような点からも, 文の担っている意味内容を少なくとも命題とモダリティに分ける本章のような立場においては, 取り立て助辞によって表される意味は, 注目すべき点を含んでいると言えよう.

もっとも, 取り立て助辞が表している意味を, 命題をめぐっての話し手の主体的な捉え方, つまり, 既述したようなモダリティ的意味である, とするのは, 一面的であり不正確であろう.

(21) 洋平も やって来た.

(22) 洋平しか やって来なかった.

(23) 洋平ですら やって来た．

は，ともに，［洋平ガヤッテ来タ］_{コト}，といった同一の命題的意味を含んでいる．したがって，(19)(20)と同様に，この「モ」や「シカ」や「デスラ」には，命題的意味以外の意味が託されていることになる．しかし，それを，文の構成要素(この場合「洋平」)に対する話し手の主体的な捉え方・話し手の態度である，と言えるかどうかはそう簡単ではない．たとえば，(23)を例に取れば，取り立て助辞によって，付加される意味は次のようなものになる．(23)のガ格成分を占めている「洋平」には，やって来そうな人物の中で可能性のきわめて低い人物である，といった意味が付け加わっている．これは，当の要素(この場合「洋平」)を，ある類(集合)に属する要素群(この場合，やって来そうな全人物)との関係づけの中で捉えたことによる．

こういった，当の要素の，同一の類に属する要素群に対する関係のあり方を，**系列的な関係**(paradigmatic relation)と言う．文中のある要素に対する系列(範列)的な関係づけの付与が，取り立て助辞の働きであり，関係づけのあり方が取り立て助辞の意味である．取り立て助辞の担っている意味を，仮に取り立て的意味と呼んでおこう．同類の要素群との関係づけは，(21)の「モ」にも，(22)の「シカ」にも存在する．同類の要素群との関係づけの結果，(21)の文では，その使用が適格であるためには，［洋平以外ノ誰カガヤッテ来テイル］ということが，文脈や場面から前提になっていなければならないし，また，(22)では，［洋平以外ノ人間ハ来ナカッタ］ということが，影(裏面)の意味として表される，ということが生じている(取り立て助辞の働きについては，寺村(1991)を参照)．

取り立て助辞の表す意味の基本は，文中のある要素を，同一の類に属する要素群との関係づけの中で捉え，影の意味を付加することである．もっとも，同類の要素群への関係づけが希薄で，影の意味の含みがさほど強くないものも，ないわけではない．たとえば，

(24) 塾{なんか／になんか／なんかに} 行きたくない．

などは，そういった例であろう．「塾」を，推薦できない取るに足りないもの，といった話し手の主体的な態度・捉え方で捉えたといった意味合いが強い．すでに挙げた「集会に 三百人も 集まった．」や「集会に 三百人しか 集まらなかった．」は，こういったケースの最たるものであろう．しかし，むしろ，取り立て

助辞が，このような，話し手の主体的な捉え方・態度そのものを表す場合の方が稀である．

　さらに言えば，類(集合)——たとえば，(23)の[やって来そうな人物群]——の抽出そのものは，その文の述語(この場合「ヤッテ来ル」)を介して初めて可能になる．そのことからして，要素の，同一の類に属する要素群との関係づけは，当の文が表す命題内容と他の命題内容との関係づけを前提とし，それを通して成り立っている．そして，そのことが影の意味を生み出すことになる．また，これは，当の文を他の文と関係づけることにもなる．このことが，(21)に，「亮介が来た．洋平もやって来た．」のように，前置文脈の必要性を与えることになる．また，

　(25)　風が出てきた．雨さえ降ってきた．

の第2文は，事態と事態の関係づけが卓越し，要素(この場合「雨」)の，同一の類に属する要素群との関係づけは抑えられている．このことは，「サエ」が同類中の極端な要素を取り上げる，といった意味を持っているのに対して，[降ってくるもの]という類の，きわめて普通の要素である「雨」が，取り上げられている，ということからも分かろう．この場合，「サエ」は，当の事態を他の事態と関係づけることによって，当の事態を，文脈中にすでに出現している程度性の低い事態に対して，より程度性の高い事態として付け加える，といった文脈情報を付与することになる．

　(26)　子供なら 運動場で遊んでいるだろう．

になると，要素の，同一の類に属する要素群との関係づけは，さらに問題にならない．「ナラ」が[子供ガ運動場デ遊ンデイル]コトという命題に付与している意味は，「ナラ」で表示された文中の要素(この場合「子供」)が，話し手以外の誰かによってすでに言及されていなければならない，といった文脈情報に外ならない．

　もっとも，取り立て助辞の使用には，

　(27)　あの男は 正直者だ．

のように，それを使わなければ，かえって付加的な意味が出てしまう，というものがないわけではない．(27)は，[アノ男ガ正直者デアル]コトといった命題的意味を担っているが，これを「あの男が 正直者だ．」にすると，排他的な意味が「アノ男」に付け加わってしまう．取り立て助辞「ハ」のこのような使用

は，属性・状態表現という文タイプが要求したものであり，[主題+解説]といった，あるレベルでの文構造が要求したものである（「あの男が正直者なら，こんなことにはならなかった。」のように，主題・解説への分節化が生じない従属節では，「ハ」は生起しない）．それにしても，(27)にあっても，「あの男はどんなだ？」に類する文との関係づけを帯びて存在している．

取り立て助辞によって担われている意味には，「塾なんか行きたくない。」のような，話し手の主体的な捉え方・態度の濃厚なものから，「子供なら運動場で遊んでいるだろう。」のように，文脈情報（連文的意味）の卓越したものまで，幅と広がりがある．ただ，取り立て助辞が担っている意味は，文の命題的意味の形成に直接的には加わらない．その基本は，文中の要素を同一の類に属する要素群との関係づけの中で捉え，自らが表している事態を他の事態に関係づけることにある．他の事態との関係づけを帯びるといったことは，結局，その文の生じる文脈に対しての情報を持つ，ということである．その文が生じるにあたって，どのような前提があり，何が影（裏面）の意味として表されるのか，といった出現文脈についての情報を文に付与するのが，取り立て助辞の基本的な意味であろう．表現形式の分析・記述を通して，文の担う意味内容を十全に捉えなければならない文法分析・文法記述にあっては，このような意味をも，文の担う様々な意味の一つとして，しかるべく位置づけ，正確に分析・記述することが要請されよう．

(c) 文の成立

ここでは，言語活動の基本的単位としての文と，文以下の存在とを分かつものについて，少しばかり考えてみよう．その単語連鎖を文以外のなにものでもなく，文の一部には成り下がれないものにしている基因は，何であるのかを少し考えてみる．

たとえば，

(28) 雨が降る．

が文であるかぎり，(28)には，[雨ガ降ル]コトといった命題のみならず，〈断定〉といった命題めあてのモダリティと，〈情報の述べ立て〉という発話・伝達のモダリティが付け加わっている．もっとも，「雨が降る。」は，モダリティに関して，「降ル」という，積極的な形式ではない無標の表示形式で表示されている．

(「降る」のように，付け加えの形式を持たない単純な表示形式を無標の形式という．それに対して，「降るだろう」「降った」のように，付け加えの形式を持つ表示形式を有標の形式という．）したがって，［雨ガ降ル］ヨトのように，モダリティの部分をそぎ落とした存在にすることが可能になる．そのことが，

(29)　雨が降る日は天気が悪い．

のように，連体修飾節への移行を可能にしている．テンス性までもが希薄ないしは欠落している(29)の中の「雨ガ降ル」は，「雨天の日は天気が悪い．」との近さからも分かるように，すでに単語相当に近づいた存在である．以上のことからも，命題だけでは，単語連鎖は文には成りえない．文以下の存在であることが分かろう．

　では，モダリティを一度含んでしまえば，その種類いかんにかかわらず，単語連鎖は，決して文以下の存在に成り下がれないのだろうか．「雨が降るだろう．」は，命題めあてのモダリティは有標である（したがって，そぎ落とすことはできない）が，発話・伝達のモダリティは無標（したがって，そぎ落とすことが可能）である，といった文である．これは，

(30)　雨が降るだろうが，さほど激しくはならないだろう．

のように，逆接の従属節として文の一部に成ることができる．それに対して，「雨が降るだろうね．」「静かにしろ．」のような単語連鎖は，発話・伝達のモダリティまでもが有標形式で表示されており，したがって，それをそぎ落とすことができない．このような単語連鎖は，

(31)　*雨が降るだろうねが，さほど激しくはならないだろう．

(32)　*静かにしろが，なかなか静かにならない．

のように，「父は子供達に静かにしろと怒鳴った．」のような直接引用の場合を除いては，もはや，文以外のなにものでもなく，文の一部には成り下がれない（どのような従属節がどのような文末要素を含みうるかについては，2.3節に簡単な言及がある）．

　以上からも分かるように，発話・伝達のモダリティを帯びた単語連鎖は，文そのものであり，文以下の存在には成りえない．文は，発話・伝達のモダリティを帯びることによって文になる（もっとも，これは，文は，常に発話・伝達のモダリティを顕在化させた形で帯びていなければならない，ということを意味しはしない）．単語が一般的な構成材であったのに対して，文は，話し手によ

る言語活動の場における構築物であった．単語連鎖がモダリティ，特に発話・伝達のモダリティを有するということは，まさにその単語連鎖が言語活動の場における構築物として機能する，ということである．言い換えれば，発話・伝達のモダリティは，文の存在様式である．発話・伝達のモダリティが文の存在様式であるのは，文が言語活動の基本的単位であることによっている．すでに何度か触れたように，言語活動は，話し手が現実との関わりにおいて形成した判断や意志や要求などを，聞き手（聞き手の存在の必要性がきわめて低い場合をも含めて）に発話・伝達することによって成り立っている活動である．そうであれば，文が言語活動の場において機能しうるために，発話・伝達のモダリティが重要になってくるのは，当然であろう．

　文は，通例，単独では存在せず，文章・談話（これらを総称してテキストと仮称する）の中に存在する．発話・伝達のモダリティは，文の存在様式であることによって，かえって，その現れ・あり様に，文の生存・存在の場であるテキストからの影響を受けることになる．

　聞き手存在の必要性の有無・大小から，ここでは，テキストを対話型と独話型に分ける．たとえば，

(33)　竜太：腰，相当痛むだろ．
　　　力士：はい……．
　　　竜太：何でここまでほっといた．
　　　力士：薬は飲んでました．
　　　竜太：病院に通ってたのか．
　　　竜太：俺の顔見て聞けッ．今から東光大学病院に行け．俺から電話
　　　　　　しとく．すぐにだぞッ．　　　　　　　　（『ひらり1』）

のようなものが対話型の例である．例文から明らかなように，対話型では，文は，有標の発話・伝達のモダリティを顕在化させているタイプが少なくない．確認要求（「痛ムダロ」），問いかけ（「何デ〜ホットイタ」「通ッテタノカ」），命令（「聞ケッ」「行ケ」），丁寧さ（「飲ンデマシタ」），押し付け的な述べ方（「スグニダゾッ」）などが，それである．

　それに対して，

(34)　歩いて <u>出勤</u>．<u>入浴</u>．大分県からの御買上品を見に総務課長の部屋へ
　　　<u>行く</u>．八幡の市長，市会議長も <u>見える</u>．三池の染料の大坪さん等も

見える．色々あの時のくづれた話について 楽しむ．共産党員である組合長のその時の模様，又その後生産が終戦以来始めての高率になつたことなど嬉しい話を 聞く．焼跡を 案内する．四時に長官の官邸に 行く．田中，藤樫，秋岡，渡辺，木屋といふ九州へ御供した記者連中と長官，侍従長，鈴木，山田，小倉，黒田，それに林次長，三井といふ顔振で九州御巡幸について語り合ひ，あと 会食．非常に 有意義であつた．帰つてすぐ 寝る．　（『入江相政日記・第4巻』）

は，備忘記といった性格を持つ日記のある一日の記事である．典型的な独話型のテキストである．(34)のテキストには，命題めあてにしろ，発話・伝達にしろ，有標の形式に担われるモダリティを帯びた文は，一文も出現していない．もっとも，独話型であれば，モダリティは全く現れない，というわけではない．たとえば，

(35)　どうも気分が悪い．まるで熱でも あるやうだ．陽気の 加減であらう．
　　　　　　　　　　　　　　　　　　　（『入江相政日記・第4巻』）

(36)　今日一日で八百数十枚折つた．時間は正味 六時間であらうか．まだまだこんなことでは仕事には なるまい．（『入江相政日記・第4巻』）

のように，命題めあてのモダリティであれば，出現可能である．それに対して，発話・伝達のモダリティは，独話型には通例出現しない．つまり，命題めあてのモダリティは出現するものの，発話・伝達のモダリティは，希薄化ないしは抑圧される．言い換えれば，独話型のテキスト中の文は，発話・伝達のモダリティの出現を希薄化ないしは抑圧させたあり方で，文として成り立っている．

対話型か独話型かによって，文の帯びる発話・伝達のモダリティは，その現れやあり様に変容が生じる．文の生存・存在の場であるテキストからの影響を受けて存在している，ということが，かえって，発話・伝達のモダリティが，文の存在様式であり，文の成立にとって重要なファクターである，ということを示している，と言えよう．

(d) 命題の形成

ここでは，意味的な側面に焦点を当てながら，文の命題部分の形成について，簡単に触れておく（命題の構造の分析・記述は，2.2節に詳しい）．

文のセンター・中核は述語である．他の諸成分は，いずれも述語に依存・従

属していく成分である．述語は，述語を形成する品詞のタイプによって，「桜が咲いている．」「亮太は洋子と<u>結婚した</u>．」のような動詞述語，「彼女は背が<u>高い</u>．」「西の空が<u>真っ赤だ</u>．」のような形容詞述語，「松下は偉大な<u>文法学者だ</u>．」「あなたは洋平君と<u>友達ですか</u>．」のような名詞述語に分かれる．述語は，動きや状態や関係といった語彙的意味を担い，自らに依存・従属してくる成分をまとめ上げ，文（および節）を形成する．また，述語は，〈肯否〉〈テンス〉〈丁寧さ〉〈モダリティ〉や〈ヴォイス〉〈アスペクト〉といった文法カテゴリ（文法範疇）を有し，自らの形態変化によって，それらを表し分ける（文法カテゴリについては，1.6 節で少しばかり詳しく述べる）．

　文の命題部分は，述語の語彙的意味を中核にして，それに依存・従属する成分，および，ヴォイス・アスペクト・肯否・テンスの文法カテゴリ，さらにそれと関係を取り結ぶ成分とによって形作られる．丁寧さやモダリティは，言表態度に関わる文法カテゴリである．以下，命題の形成を，動詞を述語にする動詞文を中心に簡単に見ておく．

　動詞には，述語として文を形成するにあたって，自らの表す動き・状態・関係を実現・完成するために，どのような名詞句の組み合わせを取るかが，基本的に決まっている，という現象が存在する．このような文法現象を説明するために，格支配，格，格フレーム，格成分という用語を導入しておく．動詞が，自らの帯びている語彙的意味の類的なあり方に応じて，文の形成に必要な名詞句の組み合わせを選択的に要求する働きを，動詞の**格支配**と仮に呼び，この種の名詞句が文の成分として実現したとき，それを**格成分**（補足成分/共演成分）と仮称する．また，この名詞句の，動詞および他の名詞句に対する類的な関係的意味のあり方を，**格**（正確には必須的成分の担う意味格のこと）と仮に呼び，動詞が文を形成するにあたって要求する名詞句の組み合わせを，格の組み合わせとして見たとき，これを**格フレーム**と仮に名づける．

　たとえば，

　（37）　史郎は香子に指輪を上げた．

を例に，格，格支配，格フレーム，格成分を説明すれば次のようになる．自らの動きを実現・完成させるために，「上ゲル」が，「史郎ガ」「香子ニ」「指輪ヲ」といった名詞句を要求する働きが格支配であり，これらの名詞句が格成分である．そして，「史郎ガ」「香子ニ」「指輪ヲ」といった名詞句が，それぞれに「上

ゲル」および他の名詞句に対して有している，［動作主：起点 o］［相方：着点 o］［対象］といった類的な関係的意味が格である（格については，井上(1976)やフィルモア(1975)などをも参照）．さらに，「上ゲル」の要求する［動作主：起点 o，相方：着点 o，対象］といった格の組み合わせが格フレームである．ちなみに，［動作主：起点 o］は，その名詞が動きの引き起こし手で，かつ対象の出どころといった関係を帯びた存在であることを表しており，［相方：着点 o］は，対手として動きの一端を担う存在で，かつ対象の行く先といったものであり，［対象］は，動きを被る存在といったものである．本章で挙げる格の名称およびそれらが帯びているとした関係的意味は，いずれも暫定的で略式なものである．

上述した，動詞の語彙的意味と，格成分を実現している名詞の担っている語彙的意味，およびそれらの名詞が帯びている関係的意味である格によって形成されるものが，命題の中核部分である．たとえば，(37)を例に取れば，(37)の命題の中核部分は，

(38) ［史郎ガ(動作主：起点 o)，香子ニ(相方：着点 o)，指輪ヲ(対象)上ゲ］タコト

と略式表記できる**事態の核**を担い表している．これは，芝居にたとえて言えば，一場の場面，一シーンに当たる．一場の場面は，場面を形成する動きと，ある役柄を帯びて動きの完成に参画する演者によって形成されている．

このように形成された事態の核に対して，何を中心にして事態を描き出すのかといった，視点・焦点の選択に大きく関わる**ヴォイス**(voice)が付け加わる（ここでは，能動と直接受動に話を絞る）．たとえば，［洋平ガ(動作主)，啓介ヲ(対象)切り付ケ］ルコトといった事態の核に，ヴォイスが付加されて，

(39) ［洋平が啓介を切り付け–∅］–ta．
(40) ［啓介が洋平に切り付け–rare］–ta．

のように，能動(39)，直接受動(40)として，表層化され実現する（能動・直接受動については，2.4節(b)参照）．能動・直接受動の対立の中心は，動詞の表す動き・状態の成立に参画する項のどれを，表層の表現形式において第1位の成分（いわゆる主語）として実現するかといった，表層への分節化の選択である．再度，芝居をたとえに持ち出せば，仕手や相手といった役柄を担った演者のどちらを，主役・脇役にして芝居を作っていくか，といった選択である．

当然，すべての事態の核が能動・直接受動の対立を持つわけではない．動

き・状態の完成に参画する項の主語への選択がヴォイス（能動・直接受動）であれば，能動・直接受動の選択・対立を有する動詞は，動き・状態の完成のために項を二つ要求するいわゆる二項述語以上の動詞でなければならない．さらに，その中でも，他に対する働きかけ性の低い動詞は，直接受動を形成しにくい．「割ル」や「殴ル」のような他に対する働きかけ性の高い動詞は，

　　　　［子供ガ窓ガラスヲ割ッタ ⟷ 窓ガラスガ割ラレタ］

や

　　　　［弘ガ武ヲ殴ッタ ⟷ 武ガ弘ニ殴ラレタ］

のように，容易に直接受動を形成する．それに対して，「見ル」のような他に対する働きかけ性の低い動詞は，

　　　　［彼ハ映画ヲ見テイタ ⟷ ?映画ガ（彼ニ）見ラレテイタ］

のように，直接受動化が困難である（?は座りが悪く容認度が低いことを示す）．ただ，働きかけ性を持たない使用法の中にも，

　　　　［雪ガ山ヲ覆ッテイル ⟷ 山ハ雪ニ覆ワレテイル］
　　　　［レモンハ多量ノビタミンＣヲ含ンデイル ⟷ 多量ノビタミンＣガレモンニ含マレテイル］

のように，直接受動になりうるものがないわけではない．能動・直接受動の対立を有する動詞（用法）にあっては，表層の表現形式への実現において，能動か直接受動かの選択は不可避的である．事態の核は，どちらかを取ってしか表層に実現しない．

　事態の核を担う部分に付加的な副詞的修飾成分が付け加わって，さらに事態が拡大し具体化していく．

（41）　子供が窓ガラスを こなごなに 割った．
（42）　亮太が ふいに 立ち上がった．
（43）　彼はウィスキーを 一口 飲んだ．
（44）　彼らは 二三度 先生に忠告された．

などが，そういったものである．このように拡大・具体化してきた事態は，意味的な観点から，時間の流れの中で発生・展開・終結していく**動き**と，時間の中での展開・変容を受けない，あり様の同質的な広がりである**状態**とに，大きく分けられる．動きと状態とは事態の二大類別である．動きが，始まり展開していき，終結すれば，状態に至る．そして，再度，状態に何らかのエネルギー

が加われば，動きが生じる．事態はこの二つによって円環をなす．

(45)　［雨ガ激シク降ル］コト／［子供ガ御飯ヲ食ベル］コト

などが，動きを表す事態の例であり，

(46)　［机ノ上ニ本ガ有ル］コト／［彼ガ学生デアル］コト

などが，状態を表す事態の例である．

　動きは，上で述べたように，時間の中で発生・展開・終結していく．言い換えれば，動きは，内的な時間構成を持つ事態である．動きを表す事態には，アスペクトが出現・分化している．**アスペクト**(aspect)は，事態の有している内的な時間構成の実現・表し分けに関わる文法カテゴリである．日本語のアスペクト形式の基本は，スル対シテイルの対立である．たとえば，

(47)　3時頃弘はコーヒーを<u>飲ん</u>だ．

(48)　3時頃弘はコーヒーを<u>飲んでい</u>た．

が，アスペクトの対立の例である．(47)は，「3時頃」という基準時に，［弘ガコーヒーヲ飲ム］という動きが，丸ごと成立していることを表している．それに対して，(48)では，基準時に動きが持続中であることを表している．(47)と(48)は，動きを丸ごと捉えるいわゆる完結相と，動きの内部に分け入って過程を広げ持続状態として捉えるいわゆる持続相との対立である（アスペクトについては1.6節，2.4節(d)参照）．テイル形による持続相の形成は，また，動き動詞の状態動詞化でもある．

　それに対して，時間的な展開を持たない状態は，一様なあり様が広がるだけであり，内的な時間構成を持たない．したがって，状態には，アスペクトの分化はない．アスペクトを存在・分化させていない，ということは，状態を表す事態の述語が，スル形とテイル形をアスペクト的対立として有していない，ということである．

(49)　机の上に本が{有る／*有っている}

(50)　そのズボンは紺の上着によく{合う／合っている}．

事実，「有ル」はテイル形にはならないし，(50)の「合ウ」と「合ッテイル」は，事態を丸ごと捉える完結相と事態の持続過程を捉える持続相との表し分けではない．

　内的な時間構成を持つ事態，つまり動きの場合，その時間構成の実現・表し分けを受けた段階に対して，事態が成り立っているのかいないのかの認定に関

わる，**肯否**の文法カテゴリが，さらに付け加わる．
　(51)　その時は，まだ弘は自分の部屋で 勉強してい た．
　(52)　その時は，すでに弘は自分の部屋で 勉強していなかっ た．
がそれである．(51)が事態が成り立っていることを表す肯定が加わったもので，(52)が成り立っていないことを表す否定が実現している例である．

　事態の成立・不成立を表し分ける肯否を帯びた段階に対して，さらに，**テンス**(tense)が付け加わる．テンスは，命題の成立時と発話時との時間的先後関係を表し分ける文法カテゴリである．日本語の動詞のテンス形式は，ル形とタ形の対立によって形成されている（テンスについても 2.4 節(c)参照）．
　(53)　あっ，荷物が 落ちる ／あっ，荷物が 落ちた．
　(54)　机の上に本が 有る ／机の上に本が 有った．
が，テンスの対立を示す例である．テンス形式のテンス的意味の現れに影響を与えるのが，動きか状態かといった事態の意味的類型である．動きを表す事態(53)においては，ル形は未来を表すのに対して，状態を表す(54)では，ル形は現在を表す．テンスは，発話時との関係であることによって，話し手が顔を覗かせることになる．テンスの段階に至り，出来事や事柄は，命題としてモダリティによる把握を待ち受けることになる．テンスは，命題の側に存するものの，命題とモダリティの分水嶺的存在である．したがって，テンスは，その存在・分化に，発話・伝達の機能類型を表す発話・伝達のモダリティからの影響を受けることになる．
　(55)　彼らには子供が {生まれる ／生まれた}．
　(56)　今すぐにこちらに 来い！
　(57)　今年こそ運転免許を 取ろう．
情報伝達の発話・伝達の機能類型の文である(55)には，テンスは存在・分化するが，命令(56)や意志(57)といった発話・伝達の機能類型の文では，テンスは分化しない．

1.6　文法カテゴリ

　世界の一断片を写し取ったところの語彙的意味を有しているだけでは，単語は，文の材料にはなりえない．世界の一断片が，言語活動の単位である文にふ

さわしい意味内容，つまりモダリティを帯びた命題に成長するためには，単語が，文中に存在する他の単語に対する関係づけや，文の意味内容をモダリティを帯びた命題へとまとめ上げるためのまとめ上げを担いうることが必要である．単語の有するこのような抽象的な意味を，単語の**文法的意味**という．単語は，基本的に，語彙的意味を表すという語彙的な側面と，文法的な意味や機能を担うという文法的な側面を有している（単語については 1.7 節で取り扱う）．

　単語の有している文法的意味は，単語の形式に加えられる変化によって表し分けられる．単語の有している文法的意味を表し分けるいろいろな形式は，その形式が有している文法的意味を，類として等しくし，種として異にするいくつかのグループに分かれる．種として異なるいくつかの文法的意味を一つにまとめる共通する文法的意味を**文法カテゴリ**（grammatical category，文法範疇）という．たとえば，図 1.1 の「有ル，読ム，書ク」「有ッタ，読ンダ，書イタ」といった個々の形式は，それぞれ共通の形態的特徴を有しており，ここでは，仮にそれらをル形・タ形と名づけておく．ル形・タ形は，それぞれ非過去，過去といった異なった文法的意味を表しながら，テンスといった類としての文法的意味を共有している．テンスといった共有されている類としての文法的意味が，文法カテゴリである．

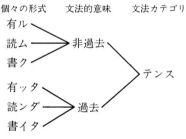

図 1.1　文法的意味と文法カテゴリ

　日本語の動詞は，上で見たように，テンスといった文法カテゴリを有している．そのことは，

(58)　昨日 僕は彼に {*会う／会った}．
(58′)　明日 僕は彼に {会う／*会った}．
(59)　今まで 部屋には人がたくさん {*居る／居た}．
(59′)　目下 部屋には人がたくさん {居る／*居た}．

が示すように，ル形とタ形がそれぞれ非過去と過去に指定されていることから分かる．動詞は，それが担うべきテンス的意味によって，ル形とタ形の使用が定まっている．

　動詞が英語などのようにテンスという文法カテゴリを有しているのに対して，日本語の名詞は，数という文法カテゴリを持たない．
　(60)　机の上に<u>本</u>が{1冊／10冊}置いてある．
のように，名詞「本」は，同一形式で単数の場合にも，複数の場合にも使われる．日本語の名詞は，数の単複に反応することはない．

　すべての品詞が等しなみに文法カテゴリを有しているわけではない．文の中核である述語を形成する用言が，最も豊富な文法カテゴリを所有しており，それに次いで，名詞が少数の文法カテゴリを有し，副詞，特に接続詞では文法カテゴリが問題になることはない．副詞にあっては，「<u>コトンと</u> 音がした」「<u>コトンとは</u> 音がしなかった」「<u>コトンとも</u> 音はしなかった」「<u>コトンとしか</u> 音はしなかった」「<u>コトンとだけ</u> 音がした」「<u>コトンとさえ</u> 音がしなかった」のように，わずかに，取り立てといった文法カテゴリが問題になるだけである．

(a)　用言の有する文法カテゴリ

　ここでは，用言の有する文法カテゴリについて，少しばかり述べておく．用言は，文の中核である述語を形成することにより，多様な文法カテゴリを所有している．言い換えれば，用言は，文が言語活動の単位として機能するために備えておかなければならない様々な文法的意味，たとえば，事態実現への認定，事態と発話時との関係のあり方，事態と言語主体との関係のあり方などを表す様々な文法的意味を，自らの形態変化によって表し分けている．形態変化は，日本語においては，語尾の取り替え，接辞や助辞の付加によって行われる．

　以下，形態変化によって表し分けられる用言の文法カテゴリを具体的に見ていく（用言の文法カテゴリについては，高橋(1987)や鈴木(1996)を参照）．

　たとえば，語形
　(61)　誉メル——誉メタ
を比べてみよう．「誉メタ」は，〈誉メル〉という動詞が「タ」という語尾を取った語形である（従来，「タ」を助動詞とする説が多かったが，ここでは，「タ」を語尾とし，「誉メル」「誉メタ」は 'home–<u>ru</u>', 'home–<u>ta</u>' のように語尾の取り替

えとして扱う).「誉メタ」という語形には,少なくとも,語幹「誉メ」に担われている[誉メル]という動作概念つまり語彙的意味と,'-ta'に担われている過去といった文法的意味とが含まれている.それに対して,「誉メル」は,単に動作概念を表しているだけではない(ここでは,従来のように,助動詞を何ら伴わない動詞だけの存在という捉え方をしない).'-ru'に担われている非過去といった文法的意味をも帯びた語形である.「誉メル–誉メタ」が対立をなし,テンスという文法カテゴリの構成員である非過去と過去とを表し分けていることが分かろう.テンスは,形容詞や名詞を述語にする「ダ」などにも存在し,「大キイ–大キカッタ」や「(少年)ダ–(少年)ダッタ」のような対立を形作っている.(「ダ」は,独立性が低く形式性が高いが,語相当であり,名詞を述語にする用言的存在.たとえば,「今のは彼の失投だ.」「だよね.」のように,自立的用法がないわけではない.)

また,

(62)　誉メル——誉メナイ

の比較から次のことが分かる.「誉メナイ」が,動作概念と「ナイ」によって担われている否定といった文法的意味とを含んでいる語形であるのに対して,語形「誉メル」も,動作概念だけでなく,肯定という文法的意味を帯びている.「誉メル–誉メナイ」は,対立をなし,肯否といった文法カテゴリを形成している.形容詞や名詞述語にあっても,「大キイ–大キクナイ」や「(少年)ダ–(少年)デナイ」のように,肯否の文法カテゴリは存在する.

同様に,語形

(63)　誉メル——誉メマス

から次のことが分かる.語形「誉メマス」が,「マス」に担われている丁寧という文法的意味を含んでいるのに対して,それとの対立によって,「誉メル」は,普通(非丁寧)といった文法的意味を帯びている語形である.「誉メル–誉メマス」は,対立をなし,普通と丁寧を構成員とする丁寧さという文法カテゴリを形作る.動詞が,丁寧さに対して基本的に二項対立であったのに対して,形容詞・名詞述語は,

(64)　大キイ——大キイデス——大キュウゴザイマス
(65)　(少年)ダ——(少年)デス——(少年)デゴザイマス

のように,三項対立をなす.

1.6 文法カテゴリ

　さらに，意志的動作を表す動詞にあっては，

　　(66)　誉メル――誉メヨウ――誉メロ

といった対立が存在し，「誉メヨウ」は意志・勧誘，「誉メロ」は命令，といった文法的意味を担った語形である．意志・勧誘や命令は，いわゆる発話・伝達のモダリティといった文法カテゴリの構成員である．また，これらとの対立によって，「誉メル」にも，述べ立て(情報伝達)といった発話・伝達のモダリティとしての文法的意味が託されている．

　また，無意志的動作を表す動詞や形容詞，名詞述語にあっては，

　　(67)　大キイ――大キカロウ／大キイダロウ
　　(68)　(少年)ダ――(少年)ダロウ

といった対立が存し，「大キイ」「(少年)ダ」は断定，「大キカロウ／大キイダロウ」「(少年)ダロウ」は推量といった文法的意味を，それぞれに帯びた語形である．これは，命題めあてのモダリティという文法カテゴリ(通例，認識のモダリティと呼ばれることが多い)の構成員を形成する．また，意志的動作を表す動詞にあっても，発話・伝達のモダリティが述べ立ての場合は，「誉メル‑{誉メヨウ／誉メルダロウ}」は，

　　(69)　良いことをすれば，人は君を誉める．
　　(70)　気が向けば，彼は君を誉めるだろう．

の比較から分かるように，それぞれ，断定と推量といった命題めあてのモダリティに属する文法的意味の異なりを表し分けている語形である．述べ立てという発話・伝達のモダリティのもとでは，命題めあてのモダリティが形態的対立として立ち現れる．

　(69)の「誉メル」は，積極的な標識を含まない一番単純な無標形式であるが，以上記述してきたところから分かるように，それが含んでいる文法的意味は，命題めあてのモダリティだけではない．発話・伝達のモダリティを帯び，肯否，テンス，丁寧さを含んでいる．「誉メル」は，肯定・非過去・断定・普通・述べ立て，といった文法的意味の託された語形である．それに対して

　　(71)　それくらいの出来では，彼は誉め・なかっ・た・でしょう．

は，述べ立てといった発話・伝達のモダリティのもと，肯否・テンス・命題めあてのモダリティ・丁寧さが，いずれも有標形式を取って現れている．「ナカッ」で否定が，「タ」で過去が，「デショウ」で推量と丁寧が担われている．

以上，少なくとも，用言には，肯否，テンス，命題めあてのモダリティ，丁寧さ，発話・伝達のモダリティ，といった文法カテゴリが存在する．

文法カテゴリが最も活発に現れるのは，述べ立てという発話・伝達のモダリティのもとにおいてである．この意味でも，発話・伝達のモダリティは，文の存在様式である．たとえば，意志・勧誘および命令では，命題めあてのモダリティやテンスが出現しない．また，述べ立てでは，たとえば

のように，肯否・丁寧さが制限なく出現する．それに対して，意志・勧誘および命令では，普通形では，「誉メヨウ–誉メルマイ」（ただし意志の場合），「誉メロ–誉メルナ」のように，肯定・否定が現れるが，丁寧形では，「誉メマショウ–?誉メマスマイ」のように，否定形「誉メマスマイ」が出現することはほとんどない．また，命令にあっては，「誉メテクダサイ」そのものが，聞き手への述べ方を表した丁寧さの純粋な形式というよりは，すでに，動作主体への高い待遇性を表す待遇表現の形式である．

肯否，テンス，命題めあてのモダリティ，丁寧さ，発話・伝達のモダリティが，用言に存する文法カテゴリであったのに対して，ある意味的特性を持った動詞にのみ存在する文法カテゴリがある．たとえば，

　　(72)　誉メル——誉メラレル

を比べて見よう．「誉メラレル」は，（直接）受動といった文法的意味を担った語形であり，「誉メル」は，動作概念だけを表しているのではなく，受動を対立項として有することによって，能動という文法的意味を焼き付けられた語形である．ある意味的特性を持った動詞には，ヴォイスという文法カテゴリが生起する．「死ナレル」は，「死ヌ」からの派生であって，「死ヌ」の対立項ではない．すでに「死ヌ」とは語彙的意味において異なっている．したがって，「死ヌ」は能動を表す語形ではない．この二つの形態は，狭義のヴォイスという文法カテゴリを形成しない．

また，

　　(73)　誉メル——誉メテイル

から，次のことが分かる．「誉メテイル」が**未完結相**(imperfective)といった文法的意味を担った語形であるのに対して，「誉メル」は**完結相**(perfective)を表す語形である．未完結相・完結相は，アスペクトといった文法カテゴリを構成するメンバーである．アスペクトが存在するのは，動きを表す動詞に限られる．

ヴォイスやアスペクトは，用言ではなく，ある種の動詞に出現する文法カテゴリである．出現する動詞に意味的な限定がある分，生起する用言を選ばない丁寧さや肯否などに比べて，ヴォイスとアスペクトは語彙的側面が強い．丁寧さや肯否などが純粋に文法カテゴリであるのに対して，ヴォイスとアスペクトは，語彙–文法的カテゴリと言えよう．また，受動は，及ぼす動きを表す能動に対して，ある意味では，被る動きを表すといった動詞の一タイプ的存在である．さらに，テイル形を取る未完結相は，動きを表す動詞に対して，状態を表す動詞といった存在である．この意味でも，ヴォイスとアスペクトは，語彙–文法的カテゴリである．動き動詞という動詞の意味的タイプを状態動詞という意味的タイプに変えてしまうことにもなるテイル形の文法形式化は，否定を表す「ナイ」などに比して低い．これは，日本語においては，丁寧さや否定などとは逆に，アスペクトの文法カテゴリとしての確立が低いことを示している．

また，「誉メテオク」「誉メテミル」などの形式が，対立項を持ち，文法カテゴリを形成するのか，「誉メタ<u>コトガアル</u>」などは，動詞の変化形という点から，文法カテゴリを抽出していく上で，どのように扱うべきなのか，残された問題は，少なくない．

(b) 名詞の有する文法カテゴリ

次に，名詞が有している文法カテゴリについて瞥見しておく（鈴木(1972)をも参照）．名詞からは，形態格と取り立てといった文法カテゴリが取り出せる．名詞の形態変化は助辞の付加によって行われる．

たとえば，

(74) 公園–公園ガ–公園ヲ–公園ニ–公園ヘ–公園カラ–公園ヨリ–公園マデ–公園デ–公園ト–公園ノ

といった形態変化形によって形成される対立が，形態格といった文法カテゴリである．「公園ガ」がガ格，「公園ヲ」がヲ格で，「公園」はハダカ格とでも名づけられるものである．

32　1　文法とは何か

それに対して，たとえば，

(**75**)　公園——公園ハ−公園モ−公園サエ−公園シカ−公園デモ−公園ナンテ……
といった語形群によって形作られている対立が，取り立てといった文法カテゴリである。「公園」は，特別な取り立てを行っていない，という点において，「公園ハ」「公園モ」など，取り立て助辞を伴った他の語形群総てに対立する存在である．

(75)は，正確にはハダカ格の取り立て形といった語形である。たとえば，

(**76**)　彼ハ−彼モ−彼サエ−彼デモ……
　　　　彼ハ−{彼モ／彼ヲモ}−彼サエ−彼デモ……
　　　　彼ニハ−彼ニモ−彼ニサエ−彼ニデモ……

などのように，取り立ては，形態格と絡み合って現れる．上段はガ格（あるいは，ハダカ格）の取り立て形であり，中段はヲ格の取り立て形であり，下段はニ格のそれである．

(c)　形態的な配列のあり方と文法的な働き方

テンスや丁寧さなどの文法カテゴリは，すでに見てきたように，用言に局在化させられて出現する．また，日本語のように，文法的意味を表す形式がそれぞれ比較的独立したあり方で取り出される膠着性の高い言語にあっては，それぞれの文法カテゴリを担う形態は，線条的に現れる．各カテゴリの標識は，「誉メ・ナカッ・タ・デショウ」のように，前後性を帯びて出現する．

たとえば，テンスは，形態的には用言に局在化させられて存在しているものの，その働きの対象（作用域）が，用言に限定されているわけではない．たとえば，「彼は学校へ行かなかったね。」では，

(**77**)　［［［彼は学校へ行かなかっ］た］ね］

のように，過去を表す「タ」は，［彼ハ学校へ行カナカッ］を対象にし，それに対してテンス的意味を加えている．

また，「(試験ヲ)受ケ・ナカッ・タ」や「(試験ヲ)受ケ・タ・ダロウ」のように，［受ケナイ］に対してテンスが問題になり，［受ケタ］に対して命題めあてのモダリティが作用する，というふうに，用言内部における標識配列順は，基本的に，その作用域の大小（働いていく順）に対応している．しかし，完全に対応しているわけではない．たとえば，「(試験ヲ)受ケ・マシ・タ」「(試験ヲ)受

ケ・マセ・ン」では，丁寧を表示する標識である「マシ」「マセ」が，テンスの「タ」や肯否を担う「ン」の前に位置している．しかし，標識の配列順とは異なって，聞き手への述べ方である丁寧さが過去になることはないし，述べ方である丁寧さが存在しない，ということはありえない．

さらに，形態的変化形として用言に存した文法カテゴリは，常に顕在的に文の中で出現するわけではない．言い換えれば，用言が使われているからといって，用言の有している文法カテゴリのすべてが立ち現れるわけではない．当の用言が文中のどのような位置に使われるかによって，その出現のあり様に異なりが生じる．文法カテゴリにどのようなものがあるかを明らかにするとともに，その出現条件を明確にすることが必要である．たとえば，

(78) 十分食べた ので，お腹はすいていない．
(79) *十分食べた れば，お腹はすかない．
(80) *十分食べた だろう ので，お腹はすいていない．

から分かるように，テンスは，ノデ節には現れるものの，条件を表すレバ節では出現しない．また，テンスは現れるものの，命題あてのモダリティは，ノデ節には出現しない．

1.7 単　語

ここでは，文法の，一方の基本的な単位である単語について，簡単に見ておこう．

(a) 語彙-文法的単位としての単語

本章ではどのようなものを単語として扱っているのかを，一例をもって示しておく．たとえば，

(81) もともと・古川は・前から・是枝と・密接な・関係を・持っていた．

において，「古川は」「密接な」「持っていた」のような，「・」で区切られた存在が本章でいう単語である．言い換えれば，「は」「から」「と」「を」などを単語とは認めず，単語の構成要素である，といった立場を取る（こういった立場を取る者には，奥田(1985)や鈴木(1996)などがいる）．また，「持っていた」についても，「いた」が形式化し，「ていた」全体が文法形式化していると見なして，

単語相当として扱う．ましてや，「持っ」「て」「い」「た」に分けることなどはしない．単語は，構成材として文の形成にあたって自立する最小の存在である．文形成にあたって自立することのない，いわゆる助詞や助動詞は，単語の構成要素である．文を構成する存在である単語は，語彙−文法的な単位である．単語が語彙−文法的な単位である，ということは，単語が，ある一定の語彙的意味を表すという語彙的な側面を有しているとともに，ある一定の文法的な意味や機能を担うという文法的な側面を有している，といったことを意味している．

以下，いわゆる助詞や助動詞は，単語の構成要素であり，文法的な側面から解放された単語というものは考えられない，ということについて少しばかり考えてみる．きわめて素朴に，単語は文の構成要素であり，文は単語から構成されているという考えを承認するかぎり，言い換えれば，単語は，常に間接的にしか文を構成していない，といった立場を取り，それを証拠立てない限り（「花，咲ク．」といった文の存在することからして，この立場を堅持することは，不可能だと思われる），単語は，常に一定の文法的な機能(群)を帯びてしか存在しないことを認めざるをえないであろう．文法的に無機能な単語など存在しないのである．単語の語彙的意味を担い表す部分と，その単語の帯びている文法的意味−機能を表示する部分とが，相対的独立性を有し，比較的自由に取り外しできる場合（たとえば，日本語の名詞といわゆる格助詞などがこれに当たろう）があるにしても，語彙的意味だけを担う単語といったものは，単語の文構成要素といったあり方からして，基本的にはありえない．文法的な機能(群)から解放された単語など存在しない．当の単語を文中において他の単語と結びつける働きである文法的な機能(群)を喪失してしまえば，それは，もはや，単語であることを止め，単語以下の存在に成り下がってしまう．したがって，文法機能の表示者である，いわゆる助詞や助動詞は，単語といった存在ではなく，単語を構成する構成要素として働いている．

語彙的意味とは，物，事，動き，状態，動きや状態のあり様などといった世界の一断片を，ある切り取り方で切り取って表したものである．もっとも，こう述べたからといって，すべての単語が同じような語彙的意味を有していると主張しているのではない．名詞のように素材的・対象的性格の高いものから，感動詞やいわゆる陳述副詞のように，話し手の心的態度を内容とするもの，さらに，接続詞のように，文と文との関係・つながりのあり方を表す，といった

ものまで多岐にわたっている．単語が語彙的意味を有していることによって，文は一定の意味内容を担い表すことができる．単語に語彙的意味が存しなければ，単語は，一定の意味内容を担い表すところの，文を構成する分節された文の構成要素にはなりえない．天井や床や壁が部屋全体に対して，天井・床・壁として存在するのは，天井・床・壁といった関係を帯びさせられているからだけではなく，天井・床・壁が天井・床・壁にふさわしい内実を持っているからに外ならない．無内容なものが関係を帯びさせられることはない．単語が，ある関係を帯びた文構成要素でありうるのは，まずもって，単語に語彙的意味が存するからに外ならない．

単語の文法的側面とは，文形成にあたっての，単語の有している結合能力・結びつき方や結びつきのある位置（たとえば，述語の終止の位置）を占めたときに担う文法的意味の総体である．単語は，一定の結合能力を持ち，ある結びつき方において他の単語と結びつきながら，文という上位の統一体的全体を形成する．単語が文を構成しうるのは，単語が他の単語と結びつく能力を有しており，他の単語との結びつき方が，何らかのあり方（配列順をも含めて）で表示され，単語に存在しているからである．上位の単位を構成するにあたっての結びつき方といったものを持たない下位的単位はありえない．

以上，単語は，語彙–文法的な単位であり，文を構成する最小の自立的存在である．

(b) 形態素

単語が，語彙–文法的な単位であり，文を構成する最小の自立的存在である，ということは，何も，単語がそれ以上分割できないといったことを意味しはしない．たとえば，

(**82**) 「本が」「こぶねに」「ふなたび」「高さ」「受けました」

などは，「本」「たび」と「–ぶね」「ふな–」「高–」「受け–」「–が」「こ–」「–に」「–さ」「–まし–」「–た」に分けることができる（「–X」は，その方向に従属していくことを表している）．このような，繰り返し現れうる意味を有する最小の言語単位を**形態素**と呼ぶ（形態素については，森岡(1994)が詳しい）．厳密には，単語を分割して得られるのは，形態素の一つの顕現体・実現体である**形態** (morph) である．

形態素は，常に同じ形態で顕現するわけではない．異なった環境においては，異なった顕現のされ方をすることがある．たとえば，形態素/ふね/ は，単独で現れうる環境では「ふね」といった形態で顕現し，前接要素を必要とする環境では「ぶね」になることがあり，後接要素を必要とする環境では「ふな」で現れることがある．一つの形態素の異なった環境におけるそれぞれの顕現体を，**異形態**(allmorph)と呼ぶ．「ふね」「ぶね」「ふな」は，それぞれ/ふね/ の異形態である．

また，形態素の中には，「本」や「船」のように，単独で独立して現れる可能性を持ったもの（これを**自由形態素** free morpheme と呼ぶ）と「高−」「こ−」「−が」「−た」「−さ」のように，単独で独立して現れることのできないもの（これを**拘束形態素** bound morpheme と呼ぶ）とがある．拘束形態素は常に拘束形態であるが，自由形態素は，それが現れる環境の異なりに応じて，自由形態として現れる場合もあれば，拘束形態として現れる場合もある．「ふね」は/ふね/ の自由形態であるが，「ぶね」「ふな」は/ふね/ の拘束形態である．

また，形態素の中には，単語の表す語彙的意味の主要部分を担い，単語の基幹をなす**語基**(base)と，自立することなく語基に付加されて単語を形成する広い意味での**接辞**(affix)とがある．すでに挙げた例で示せば，「本」「ふね」「ぶね」「高−」「受け−」などが語基である．広い意味での接辞とは，「−が」「こ−」「−さ」「−まし−」「−た」などがそうである．

(c) 語形群としての単語

単語は，語彙−文法的な単位である．したがって，単語は語彙的意味を有するとともに，他の単語に対する結びつき方・関係のあり方，つまり，文法的な意味−機能を帯びて存在する．複数の文法的な意味−機能を有する単語は，自らの有する異なった文法的な意味−機能を表し分けるために，外形の一部を変える．単語が，自らの有する異なった文法的な意味−機能を表し分けるために，外形の一部を変えることを，**語形変化**と呼ぶ．語形変化によって作り出される，ある特定の文法的な意味−機能を具有した特定の形式を**語形**と呼んでおく．

形態素が潜在的な存在であったのと同様に，単語も潜在的な存在である．文を分割して得られるのは，ある特定の文法的な意味−機能を具現した単語の顕現体・実現体である語形である．文中に具体的に現れるのは，単語でなく，語

形である．形態素がいくつかの異形態を束ねる抽象的な潜在的存在であったのと同様に，単語は，いくつかの語形を束ねる抽象的な潜在的存在である．

　一つの単語を形成する語形群は，語彙的意味と，基本的な〈受け〉としての統合的な意味–機能を同じくし，〈係り〉的な統合的な意味–機能および，系列的 (paradigmatic) な文法的意味を異にして存在している．同一の単語を形成する語形群によって作り出される語形群のひと組を**語形系列**(paradigm) と呼ぶ．たとえば，

(83) uke–nagara, uke–tari, uke–∅, uke–te, uke–reba, uke–ru, uke–ta, uke–yô, uke–ro, ……

(84) 男–∅, 男–ガ, 男–ヲ, 男–ニ, ……, 男–コソ, 男–ヲ–コソ, 男–ニ–コソ, ……

のそれぞれは，「受ケル」「男」という単語の語形である．「受ケル」を例に取れば，それぞれの語形は，語彙的意味や格成分を受けうるという受けの機能を同じくし（もっとも，付帯状況を表す 'uke–nagara' はガ格成分を受けえない），係り方やテンスなどの文法的意味において異なりながら，対立しあって，語形系列を形成する．もっとも，語形系列は上のような平面的な存在ではない．それぞれの語形は，既述した文法カテゴリのあり方に応じて，相互に対立しあいながら，体系的な語形系列を形成する．

1.8　単語の語彙的特性と文法的機能

　単語は，語彙的側面と文法的側面を持った存在であった．単語は語彙的意味を有することによって，文の構成要素になりうる資格を持つ．自らが有している語彙的意味の類的なあり方（これを単語の有する**範疇的意味** categorical meaning と呼んでおく）を反映して，その単語がどういった文法的な意味・機能を帯びるかが，大枠において決まってくる．言い換えれば，単語の語彙的側面が，単語の文法的な振る舞い方（文法的側面）を基本的に規定してくる（仁田 (1980, 1989) を参照）．

　たとえば，すでに触れたように，動詞には，動詞が表す動きや状態を実現・完成するために参画する名詞句の種類と数が，あらかじめ基本的に決まっている，という現象が存在する．この種の現象を取り上げ，単語の語彙的特性と文

法的機能の相関の一端を，以下に具体的に素描してみよう．
　《　》には，そのような格フレームを取る動詞が有している類的な語彙的意味を記し，［　］に各類の動詞の取る格フレーム（形態的なレベル）が示してある．それぞれ例文を示し，その下にその類型に属する動詞をいくつか例示してある．「N」は名詞，「S」は文を表している．
　①《引っ付き》　［Nガ，Nニ］
　　「ズボンに泥が付いた」
　　引っ付く，付く，跳ねる（泥水がズボンに跳ねた），掛かる，刺さる，……
　②《取れ》　［Nガ，Nカラ］
　　「壁からポスターがはがれた」
　　はがれる，ちぎれる，取れる，外れる，抜ける，もげる，……
　③《引っ付け》　［Nガ，Nヲ，Nニ］
　　「子供が本を机の上に置いた」
　　置く，積む，すえる，乗せる，上げる，塗る，引く（母はフライパンに油を引いた），貼る，つなぐ，付ける，干す（母が洗濯物をさおに干した），押す（彼は書類に判を押した），掛ける，吊す，盛る，添える，供える，刺す，……
　④《取り外し》　［Nガ，Nヲ，Nカラ］
　　「男は壁から額を外した」
　　外す，取る，ちぎる，抜く，はがす，はぐ，もぐ，……
　⑤《与え》　［Nガ／カラ，Nヲ，Nニ］
　　「子供達はお母さんにカーネーションを上げた」
　　上げる，与える，贈る，売る，貸す，預ける，授ける，やる，渡す，恵む，譲る，配る（男は皆に手土産を配った），ばらまく（候補者が有権者にお金をばらまいた），出す（僕は彼に資金を出した），払う，分ける（男はかせぎを仲間に分けた），……
　⑥《受け取り》　［Nガ，Nヲ，Nカラ］
　　「政府は国民から不当な税金を取った」
　　取る，奪う，預かる，集める（会計が会員から会費を集めた），得る，買う，盗む，はぐ（泥棒が通行人から身ぐるみをはいだ），……
　⑦《貰い受け》　［Nガ，Nヲ，Nカラ／ニ］

「僕はお父さん{から／に}お金をもらった」
　もらう，借りる，いただく，たまわる，……
⑧《伝え》［Nガ／カラ，{Nヲ／Sト}，Nニ］
　「彼は僕に{文句を／こちらへ来いと}言った」
　言う，伝える，話す，述べる，しゃべる，教える，こぼす(父は母にぐちをこぼした)，知らせる，答える，命じる，もらす(男は私に秘密をもらした)，……
⑨《聞き》［Nガ，{Nヲ／Sト}，Nカラ／ニ］，
　「僕は彼{から／に}{結果を／その話はうそだと}聞いた」
　聞く，うけたまわる，うかがう，教わる，習う，……

以上サンプルとして挙げた動詞群の相互関係を示せば，図 1.2 のようになる．

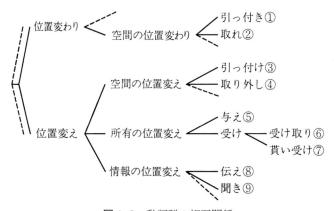

図 1.2　動詞群の相互関係

　また，広く指摘されていることではあるが，アスペクトの存在・分化，アスペクト形式のアスペクト的意味の現れ方に対しても，動詞の語彙的特性が大きな影響を与えている．このように，単語の有している語彙的特性と単語の有している文法的な振る舞い方には，密接な関係がある．そうであれば，文法分析・文法記述をよりきめ細かくより包括的で明示的に行うためには，単語の有している語彙的特性にも十分注意を払う必要がある，ということになろう．

第1章のまとめ

1.1 文法は，単語を材料にして文を組み立てる際の組み立て規則・法則性である．
1.2 単語と文法が存在することによって，有限の表現手段を用いて無限に多様な伝達内容を表し分けることが可能になった．
1.3 文法分析・文法記述では，文の構造を分析・記述するとともに，文を形成するにあたっての単語の文法的な振る舞い方を明らかにすることが必要である．
1.4 連文構成に関わる法則性も，文の表現形式に裏打ちされていれば，文法分析・文法記述の対象である．
1.5 文の担っている意味を無視しては文法分析・文法記述は成り立たない．
1.6 文の担っている意味には，少なくとも命題的意味とモダリティ的意味とがある．
1.7 文は，基本的に発話・伝達のモダリティを帯びることによって文になる．
1.8 述語には，語彙的意味の類型に応じて，自らと共起して命題の中核を形成する名詞句の組み合わせが基本的に決まっている．
1.9 事態の核の部分がヴォイス，アスペクト，肯否，テンスを付加させながら，命題を形成していく．
1.10 文法カテゴリとは，単語の個々の形式に担われている，種として異なるいくつかの文法的意味を，類として一つにまとめる共通の文法的意味である．
1.11 用言は，自らの形態変化によって，肯否，テンス，命題めあてのモダリティ，丁寧さ，発話・伝達のモダリティを表し分ける．
1.12 単語は，語彙‒文法的な単位であり，文を構成する最小の自立的存在である．
1.13 形態素とは，意味を有する最小の言語単位である．
1.14 単語の語彙的意味のあり方(語彙的側面)が，単語の文法的な振る舞い方(文法的側面)に大きな影響を与える．

2

文法の基礎概念 1
構造的・形態的概念

【本章の課題】

　この章の目標は，日本語を対象として，文法の基礎概念のうちの構造や形態に関するものを取り上げ，解説を加えることである．文法の基礎概念には，じつに多くのものが存在するが，これらのうち構造や形態に関するものはこの章で，非構造的・非形態的なものは次章でそれぞれ扱われることになる．

　文法の基礎概念を扱うと言っても，単に概念を並べただけでは辞書的な記述に終わってしまう．本章では，基礎概念を順次取り上げながらも，それらを全体として見たとき，一つの個別言語の文法の概略が描かれるように工夫した．

　文法概念は，それが基礎的なものであればあるほど，説明は困難なものになる．そこで，本章では絶えず，読みやすい記述にするということを念頭において説明を進めていきたい．そのためにも，対象とする言語は，読者にとって一番なじみのある日本語を採用する．

2.1 言語表現における構造

言語表現は，いろいろな要素が組み合わされて作られるという意味で，構造を有する．言語表現は音連続からなるものであるが，その音連続は意味を持った最小の単位に区切ることができる．これを言語表現の**分節**(articulation)といい，分節して得られる意味的最小単位を**形態素**(morpheme)という．例えば，「ハナコガケーキヲタベタ」という言語表現は，「ハナコ／ガ／ケーキ／ヲ／タベ／タ」のように分節することができる．

上記の表現で，「ハナコ」などは言語表現を構成する要素であるので**構成素**(constituent)とも呼ばれる．構成素のうち，与えられた言語表現を直接的に意味的なまとまりで区切ったものを**直接構成素**(immediate constituent)という．先の例で言えば，「ハナコガ」，「ケーキヲ」，「タベタ」が直接構成素となる．このような分析に対して，「ハナコガ」と「ケーキヲタベタ」が直接構成素であるという考え方もあり得る．この場合，「ケーキヲ」と「タベタ」は「ケーキヲタベタ」の直接構成素であるということになる．

これら二つの分析のうち，前者の分析では，「ハナコガ」と「ケーキヲ」は同じレベルに属する対等な構成素であるが，後者の分析では，「ハナコガ」と「ケーキヲ」は同じレベルの構成素ではなく，「ハナコガ」のほうが上位のレベルにあるという意味で優位な位置にあると言うことができる（この問題については次節でもう少し詳しく考えてみたい）．

そして，言語表現を直接構成素に分ける作業を続けると，最終的には形態素にたどりつく．図 2.1 は，「ハナコガケーキヲタベタ」という言語表現を，「ハナコガ」と「ケーキヲ」が同じレベルにあるという見方に従って分析し，形態素にまで分けたものを具体的に示したものである．

こうしてみると，言語表現は，要素が単純に連続するものではなく，階層を

図 2.1　言語表現を形態素に分ける

なして結びつく**階層構造**であるということがわかる．このような意味において言語表現は構造を有するということができるのである．

2.2 文の基本構造

前節において，言語表現は構造を有するということを述べた．続いて本節では，言語表現を代表する**文**(sentence)の基本的な構造のあり方を考察する．次の例を見ながら文の基本構造を考えてみよう．

(1) 先日，北海道で，A山が激しく噴火した．

この文を「先日／北海道で／A山が／激しく／噴火した」という五つの構成素(成分)に分けたとき，この文の中心的成分はどれであろうか．その答えは「噴火した」である．なぜなら，「噴火した」という成分が与えられれば，「いつ，どこで，何が」といった成分の存在が予測され，文の大まかな枠組みが決定されるからである．この点は，例えば「先日」という成分が与えられても文の枠組みが決定されないという状況と対照的である．

このことを確認するために，別の例を挙げてみよう．「出会った」という成分が与えられた場合，文全体はどのような成分で表現されるであろうか．「誰かが誰かとどこかで出会った．」といった文の枠組みが予測されるであろう．これに対して，「A子が」のような成分が与えられた場合はどうであろうか．この場合，様々な型の文が可能であり，文の枠組みは決定できないわけである．

そこで，文の中心的な成分は，「噴火した」や「出会った」のような文の末尾に現れる成分であると言うことができる．このような成分を**述語成分**(または，**述語** predicate)と呼ぶことにしよう．述語成分を品詞の面から見ると，「噴火する」や「出会う」のような動詞の述語，「美しい」や「きれいだ」のような形容詞の述語(本章では，形容詞と形容動詞を区別しないで，形容詞として一括する)，「学生だ」，「文法書である」のような名詞の述語(名詞の述語の場合は，名詞の後ろに「だ」，「である」，または「です」という要素が必要である)という3種類に区別される．

次に，述語によって与えられる枠組みを具体化する成分がある．「噴火する」という述語の場合なら「〜が」が，「出会った」という述語の場合なら「〜が」「〜と」「〜で」が，これに該当する．これらの成分は，述語が表す事態に関す

る情報を補う役割を担っている．例えば，「噴火する」を述語とする文は，「何かが」噴火するわけであるから，具体的にその何かを成分として表さなければならない．「A 山が噴火した」という形になってはじめてこの表現は文として自立することができるのである．このような，述語成分を補う成分を**補足成分**と呼ぶことにしよう．補足成分の表現は，多くの場合，名詞と「が」「と」「で」のような助詞が組み合わさって作られる．

述語成分，補足成分に続いて，もう一つの成分として，「激しく噴火した」という表現における「激しく」のような成分がある．このような成分は，述語が表す情報をより詳しく説明する役割を担っている．「激しく噴火した」という場合であれば，噴火がどのような状態にあるのかを，すなわち，噴火のありさまを説明している．このような成分を**述語修飾成分**と呼ぶことにする．述語修飾成分は，主として，副詞（「ゆっくり歩く」における「ゆっくり」のようにもっぱら述語を修飾する働きを持つもの）や形容詞の連用形（「速く歩く」における「速く」のような語）によって表される．

文を構成する成分としては，さらに，(1)の例における「先日」，「北海道で」のように，文頭において，出来事が生起した時と場所を表すものがある．これらの成分は，述語修飾成分の一種とも見られるが，ここでは，文頭に現れている点を重視し，一般の述語修飾成分とは区別して**状況成分**と呼ぶことにする．

(2)　家族皆で先週の土曜に花見に出かけた．
(3)　先週の土曜日，近所で火事があった．

「先週の土曜日(に)」が，(2)では補足成分として，(3)では状況成分として機能している点に注意したい．

ところで，(2)の代わりに(4)のような表現も可能である．

(4)　家族皆は花見に出かけた．

(2)と(4)の違いで重要なのは，「家族皆で」と「家族皆は」の違い，すなわち，「〜で」と「〜は」の違いである．「〜は」という成分はどのような働きをしているのであろうか．「〜は」を含む文の例を少し挙げてみよう．

(5)　文法は難しい．
(6)　決められた規則は守らなければならない．
(7)　日本は温泉が多い．

「〜は」という成分は，「〜について言えば」という意味を表し，それに続く

表現がその成分に対する説明を与えている点が特徴的である．この点は，次のような例を比較すれば分かりやすいであろう．

(8) 空は青い．
(9) 空が真っ暗だ．

(8)では，「空」というものに対して「青い」という説明を与えている．それに対して，(9)では，「空が真っ暗だ」という観察された状況をそのまま言葉で描きあげている．

そこで，「〜は」という表現を**主題成分**（または，単に**主題** topic）と呼ぶことにしよう．主題成分は日本語においては非常に重要な成分であるので，主題を含む文かそうでないかで，**有題文**，**無題文**という言い方で両者を区別することがある．

主題成分と言えば，すぐに連想されるのが**主語成分**（または，単に**主語** subject）である．日本語では，主題の存在が広く認められているのに対して，主語が存在しているかどうかについては，意見が分かれている．主語肯定論と主語否定論の二つの見方が存在するのである．前節で挙げた「花子がケーキを食べた．」に即して言うと，「花子が」と「ケーキを」が構造上同じレベルにある対等な成分であるのか，それとも，「花子が」のほうが構造上優位な位置にあるのか，という問題である．この場合，「花子が」が述語と一致を起こすといった優位性を示せば，「花子が」は主語として機能していると言えるが，日本語には主語と述語の一致といった現象は見られないので，主語の存在は否定されるという見解がある（三上(1953)を参照のこと）．また，本章の補足成分という考え方は，「花子が」も「ケーキを」と同様に述語の情報を補うというものである．この場合，補足成分は述語成分に依存する関係にあるわけである．一方，主語は述語と相互依存の関係にあって，その意味で，対等な関係にあるものと考えられる．そのことからすれば，本章での扱いは主語否定論の立場に立つものであると言うことができる．

一方，主語肯定論の立場に立つ見方もある．例えば，柴谷(1978)では，尊敬語化現象や再帰代名詞化現象を誘発する成分を主語と認めるという立場を採っている．この点を少し説明しておこう．

尊敬語化現象というのは，主語が話者の尊敬に値する人物である場合には，述語に動詞の場合なら「お……になる」が，形容詞の場合なら「お」が付加さ

れるというものである．一つ例を挙げておこう．

(10) 花子先生がケーキをお食べになった．

この場合，述語に尊敬語の形態を取らせているのは「花子先生」の存在であるから，「花子先生が」が主語であると認定されるというわけである．

一方，再帰代名詞化現象というのは，同一人物を表す成分が複数個あり，そのうちの一つが主語であれば，残りの成分は再帰代名詞「自分」で表されるというものである．例で言えば，次の(11)が該当する．

(11) 太郎が次郎を自分の部屋でなぐった．

この例では，主語の「太郎」と「自分」が同一の人物を指していると解釈される．

このように，特定の現象で特別な振舞いを示す成分を主語として認めようという見方があるわけである（本巻第3章を参照のこと）．

結局のところ，主語の存在を認めるか否かは，主語の規定や特徴づけをどのように行うのが現象の記述にとって有効であるのかというところに帰することになる．これまでに様々な見解が発表されているが，この問題はまだ解決されたとは言えない．今後に残された大きな課題である．

2.3 単文と複文

前節で考察した文は，一つの述語を中心としてまとまった文であった．このような文は**単文**(simple sentence)と呼ばれる．これに対して，複数の述語を含み，それゆえ，述語を中心とした複数のまとまりからなる文を**複文**(complex sentence)という．本節では，複文の構造を検討してみることにする．ただし，ここでは便宜上，二つの述語を含むものに限定する．

複文において述語を中心としたまとまりを**節**(clause)と呼ぶ．節にはそれ自身で自立できるものと，中心となる節に従属することで文の一部をなすものがある．前者は**主節**(main clause)，後者は**従属節**(subordinate clause)と呼ばれる．例えば，次の文を見てみよう．

(12) 雨が降ったので，遠足は中止になった．

「遠足は中止になった」という節は，それ自身で自立できる主節である．これに対して，「雨が降ったので」という節はそれ自身では自立できず，主節に従属

することで文の一部になり得ている節，すなわち従属節である．

　従属節は，主節に対する従属の仕方の違いによって4種類のものが区別される．第一に，主節の主題成分や補足成分を構成するものがある．例えば，次の文の従属節がそうである．

　　(13)　朝早く起きるのは苦手だ．
　　(14)　政府は事件が早く解決することを期待していた．

(13)では,「朝早く起きるのは」が主題成分を構成し，一方(14)では「事件が早く解決することを」が補足成分を構成している．これらの節は，主題成分，補足成分が基本的に「名詞＋助詞」の形式を取るために，述語である「起きる」と「解決する」に名詞の性格を持たせなければならない．それを可能にしているのが，述語に後続する「の」と「こと」である．本章では，従属節の述語が「の」,「こと」を伴って名詞の性格を帯びる点を重視し，この種の従属節を**名詞節**と呼ぶことにする．なお，先ほど，主節はそれ自身で自立できると述べたが，名詞節を含む(13)や(14)のような複文においては，従属節なしには主節は自立できないことに注意しなければならない．

　二つ目の従属節として，述語(または主節全体)を修飾するものがある．先の(12)の例を見られたい．この文では，従属節は後ろに続く主節を修飾している．述語または主節全体を修飾する語を一般に副詞と呼んでいることにちなんで，この種の従属節を**副詞節**と呼ぶことにする．

　三つ目の従属節は，次の例に見られるような，名詞を修飾する節である．

　　(15)　今回購入したパソコンはよく故障する．

この文では,「今回購入した」という節が名詞である「パソコン」を修飾している．名詞を修飾するこの種の従属節を**連体節**と呼ぶことにする．

　最後に，もう一つの従属節として，意味内容からすると主節と対等な性格を有する節がある．次は，その例である．

　　(16)　おじいさんは山に柴刈に行き，おばあさんは川へ洗濯に行った．

この文では，従属節と主節とは意味内容は対等であるので，順序を入れ換えても文は成り立つのである．

　　(17)　おばあさんは川へ洗濯に行き，おじいさんは山に柴刈に行った．

このような主節と対等に並ぶ従属節を**並列節**と呼ぶことにする．

　こうして，従属節は主節との関係の仕方の相違によって4種類の節に分かれ

ることが明らかになった．

　従属節は，また，別の観点から種類分けをすることができる．南(1974, 1993)は，接続助詞か用言の連用形で終わる従属句(本章の従属節に相当するもの)を対象として，その内部にどれだけの要素が現れ得るかによって，三つの種類のものが分けられるとした．

　一つは **A類** と呼ばれるもので，継続の意味を表す「〜ナガラ」がその代表である．〜ナガラの内部に現れるものは，名詞＋格助詞(ただし，主語，時や場所の修飾語は除く)，状態副詞，程度副詞，A類の従属句，用言，使役形，受身形，受給の形，尊敬の形である．例で言えば，次のようになる((18)は筆者の作例)．

(18) 　お茶をゆっくりお飲みになりながら

　二つ目は **B類** と呼ばれ，「〜ノデ」がその代表である．〜ノデは内部に現れ得る要素の範囲が〜ナガラより広く，〜ナガラの内部に現れるものの他に，主語，時・場所に関する修飾語，述語の打ち消しの形に呼応する修飾語，ジツニ，トニカク，マコトニ，ヤッパリなどの類，評価的意味を持った修飾語(サイワイニモ，残念ニモの類)，B類の従属句，述語の丁寧の形，述語の打ち消しの形，述語の過去形が現れ得る．例としては，次のようなものが考えられる((19)は筆者の作例)．

(19) 　残念にも，きのう神戸で大きな交通事故がありましたので

　残ったもう一つの類は **C類** である．この類を代表するのは「〜ガ」であり，その内部には，〜ノデの内部に現れるものよりもさらに広範な要素が現れるのである．具体的には，〜ノデの内部に現れるものに加えて，提示のことば(〜ハなど)，オソラク，タブン，マサカの類，C類の従属句，述語の意志形，述語の推量形が現れることができる．例で示せば，次のような述語句が考えられる((20)は南(1974)が挙げている例)．

(20) 　荷物ハ タブン キノウ 横浜ニ ツイタダロウガ

　このように，従属節はその内部に現れ得る要素の範囲によって，A類，B類，C類の3種が区別できるのである．

2.4 述語成分と補足成分における基礎概念

次に，この節では，述語成分と補足成分に関係する基礎的な概念を順次見ていくことにする．

(a) 格

格(case)とは，主として補足成分と述語成分の関係のあり方の類型をいう．日本語では，格は形態的には，名詞に後続する助詞によって表現される．これらの助詞は，格の関係を表す助詞であるので，一般的に**格助詞**と呼ばれる．具体的には，「が」，「を」，「に」，「から」，「と」，「で」，「へ」，「まで」，「より」の9種類が格助詞である．そこで，ここでは，これらの格助詞が後続する格成分をそれぞれ「ガ格」(主格)，「ヲ格」(目的格)，「ニ格」，「カラ格」，「ト格」，「デ格」，「ヘ格」，「マデ格」，「ヨリ格」と呼ぶことにする．

これら諸格のなかで最も重要な格はガ格である．なぜなら，原則としてあらゆる無題文にガ格が現れるからである．また，次の例に示されるように，名詞修飾表現でガ格だけが「ノ」と交替する．

(21) 雨が／の降る日

それゆえ，ガ格は一般に主格と呼ばれている．

ガ格に次いで重要な格は，ヲ格である．ヲ格は述語として働く動詞を**自動詞**と**他動詞**に分ける．すなわち，ヲ格を要求しない自動詞と要求する他動詞に分かれるわけである．

自動詞と他動詞には，それぞれ意味的に対応する相手を持っているものとそうでないものとがある．例えば，自動詞の「壊れる」と他動詞の「壊す」は対応する自動詞と他動詞の対を構成するが，自動詞の「働く」と他動詞の「破壊する」は自動詞と他動詞の対を構成しない．そこで，「壊れる」，「働く」，「壊す」，「破壊する」は，それぞれ有対自動詞，無対自動詞，有対他動詞，無対他動詞と呼ばれる．

ここで，注意すべきは，日本語の場合，有対自動詞と有対他動詞の対がほとんどの場合，語根を共有するという点である．例えば，先ほどの「壊れる」と「壊す」の場合であれば，両者は 'kowa' という語根を共有する(これらの点の

2.4 述語成分と補足成分における基礎概念

詳細については，須賀・早津(1995)を参照のこと)．

ところで，日本語では，「〜が」と「〜は」の区別があいまいになる傾向がある．学校文法などでは，どちらも主語として扱われることが多い．このような傾向が生じる理由は，次のような文の意味が近いものとして解釈されやすいからである．

(22) 太郎が3着でゴールインした．
(23) 太郎は3着でゴールインした．

このような例を見るかぎり，「〜は」は「〜が」と同じように格関係を表していると考えるのも無理からぬことであろう．しかしながら，もう少し詳しく観察してみると，「〜は」は格関係を表してはいないことが明らかになる．

次の例を見てみよう．

(24) その服はどこで買ったのですか．

この場合，「〜は」が格関係を表しているとしたら，「〜が」ではなく「〜を」の関係を表しているということになる．すなわち，「〜は」が互いに大きく異なる二つの格関係を表していることになる．このことは，「〜は」が格関係を表すという見方が妥当なものではない，ということを示している．

「〜は」が格関係を表してはいないという見方は，さらに次のような例を見ることで明らかになる．

(25) このあたりには温泉が多い．

この場合，「に」は存在場所の意味を表す格助詞である．したがって，「に」に後続している「は」も格助詞であると見るのは，無理な話である．

調べてみればすぐにわかることだが，9種類の格助詞のうち「が」と「を」以外のものは，「は」という助詞を後続させることが可能であるが，「が」と「を」だけは，「は」を後続させることはできないのである．つまり，「は」が用いられる場合，「が」と「を」は潜在化して表面に現れないわけである．

以上のことから，「〜が」という成分と「〜は」という成分は明確に区別すべき関係にあることが明らかになった．前者は格成分であり，後者は，すでに述べたように，主題成分である．

続いて，ガ格とヲ格が一文で複数個現れる場合を取り上げる．まず，ガ格が二つ現れる二重ガ格構文について考えてみよう．**二重ガ格構文**には主として二つのタイプがある．次の例を見てみよう．

(26) 誰が花子が好きなのですか．

(27) 象が鼻が長いということくらい子供でも知っている．

(26)では，述語「好きだ」の補足成分が二つともガ格で表されている．主格という名前にふさわしいのは最初のガ格のほうであり，2番目のガ格のほうは主格らしくない成分である．また，(26)のほうは(28)のようにも表現することができる．

(28) 誰が花子を好きなのですか．

ここでは，(26)における二つのガ格をそれぞれ優勢なガ格，劣勢なガ格と呼び分けたいと思う．なお，このような格が現れるのは，述語が状態的な場合である．

二重ガ格構文のもう一つのタイプは(27)における「象が鼻が長い」といった表現である．この場合，最初のガ格と後続するガ格の間に「(ガ格)ノ(ガ格)」という関係が認められる．(27)で言えば，「象の鼻」という関係が成り立っているのである．このような場合も，二つのガ格をそれぞれ優勢なガ格，劣勢なガ格と呼び分けたいと思う．

このように，二重ガ格の表現は日本語においては決して珍しくない構文であるが，二重ヲ格の表現は一般には成り立たない．例えば，次の例を見てみよう．

(29) a. 音楽を教える
b. 生徒達を教える
c.＊音楽を生徒達を教える
d. 音楽を生徒達に教える

(30) a. 英語を勉強する
b.＊英語を勉強をする
c. 英語の勉強をする

二重ヲ格構文の(29c)と(30b)は非文(以下，＊で示す)になってしまう．

では次に，**格の交替**という現象を取り上げよう．ここでは特に，ガ格とヲ格が関係するものについて観察してみたい．具体的には，ガ格とカラ格の交替，ガ格とデ格の交替，ヲ格とカラ格の交替，ヲ格とデ格の交替について考えてみる．

まず，**ガ格とカラ格の交替**というのは，次のような例に見られるものである．

(31) a. この件については私が関係者に伝えておきます．

　　　　　　b. この件については私から関係者に伝えておきます．

(31a)の例では，ガ格は単に，動作の主体を表すにすぎない．それに対して(31b)の例では，カラ格が動作の主体であるということに加えて，「この件」についての情報の出所が私であるという意味が表されている．先に，一文中には原則としてガ格が現れるということを指摘したが，(31b)はこの原則に反する例である．

　次の**ガ格とデ格の交替**というのは(32)に示されるタイプのものである．
　(32)　a. 警察がこの事件を調べているところだ．
　　　　　　b. 警察でこの事件を調べているところだ．

(32a)と(32b)を比べてみると，「警察」が動作の主体である点は共通している．異なるのは，(32b)の場合，「警察」が場所性を有する点が明示されることである．日本語の場合，組織や人の集まりが場所と認定される点が特徴的である．「私達」や「私と田中さん」のような表現も場所性を有する表現とみなされて，次の例のように，主体をデ格で表すことが可能である．

　(33)　後は私達でやっておきます．
　(34)　後は私と田中さんでやっておきます．

ちなみに，「私」のような場合は，集団とは見なされない．

　(35)　*後は私でやっておきます．

ただし，「のほうで」のような場所性（方向性）を表す表現を付加すると，文法的な表現に変わる．

　(36)　後は私のほうでやっておきます．

　なお，デ格が動作の主体を表す場合も，先ほどのカラ格が動作の主体を表す場合と同様に，一文中にガ格が現れない例になる．

　次は，**ヲ格とカラ格の交替**について．例は次の通りである．
　(37)　私はすぐに部屋を出た．
　(38)　私はすぐに部屋から出た．

この場合，(38)は移動の意味が表されているが，(37)にはそのような意味はない．したがって，(39)のような表現は可能であるが，(40)のような表現は許されない．

　(39)　私はすぐに部屋から外に出た．
　(40)　*私はすぐに部屋を外に出た．

最後に，**ヲ格とデ格の交替**について見てみよう．はじめに，例を挙げる．

(41)　私はグランドを走った．

(42)　私はグランドで走った．

この場合も，移動の意味が関係する．具体的に言えば，(41)のほうは，(43)の例が示すように，ある地点から別の地点への移動の意味が表される．

(43)　私はグランドを端から端まで走った．

一方の(42)にはそのような意味は含まれない(?の印はその例が少し不自然であることを示す)．

(44)　?私はグランドで端から端まで走った．

(41)と(42)の間に見られるもう一つの意味の違いは，後者のほうには「グランドを選んで」という選択の意味が含意されるが，前者にはそのような含意は認められないという点である(格については第3章を参照のこと)．

(b)　ヴォイス

ヴォイス(voice)の規定については様々なものが考えられるが，ここでは，狭い意味のヴォイスと広い意味のヴォイスの両方を考えてみる．まず，狭い意味のヴォイスであるが，その規定は，動的述語に接辞(助動詞)が付加され，それに伴って，ガ格に規則的に別の名詞句が現れる．そして，述語が動的である点は変わらない，というものである．このような規定を満たすものは，受動表現と使役表現である．本章ではこれらを**受動態**，**使役態**と呼ぶことにしよう．

ここで，念のため，受動表現と使役表現が上記の規定を満たすことを具体的に見ておこう．まず，受動表現について，基本となる文とその受動文の例を挙げてみる．

(45)　a. 猫がネズミを追いかけた．

　　　b. ネズミが猫に追いかけられた．

(45a)の文と(45b)の文を比べてみると，(1)どちらも，動的な文である，(2)接辞(助動詞) "(r)are"(「れる・られる」)の付加に伴って，ガ格に元の「猫」に替わって「ネズミ」が現れている，という点が観察される．

一方，使役表現については，次のような例を考えてみよう．

(46)　a. 子供が魚を食べる．

　　　b. 親が子供に魚を食べさせる．

使役表現についても，(1)どちらも，動的な文である，(2)接辞(助動詞)"(s)ase"(「せる・させる」)の付加に伴って，ガ格に元の文にはなかった「親」が現れている，という特徴が見られる．

以上が，狭い意味のヴォイスであったが，これに対して，広い意味のヴォイスは，次のように規定される(広い意味のヴォイスについては村木(1991)を参照のこと)．すなわち，述語に接辞(助動詞)または補助動詞が付加され，それに伴って，ガ格に別の格が現れることがある．このような規定を満たす表現としては，先の受動態，使役態のほかに，接辞(助動詞)"rare"(「られる」)または"e"(「える」)が付加される**可能態**，接辞(助動詞)"are"(「れる」)または"e"(「える」)が付加される**自発態**，接辞(助動詞)"ta"(「たい」)が付加される**願望態**，接辞"yasu"(「やすい」)や"niku"(「にくい」)が付加される**難易態**，補助動詞"moraw"(「もらう」)が付加される**受益態**，補助動詞"ar"(「ある」)が付加される**テアル態**などが挙げられる．次に，これらの表現の例を，基本となる文といっしょに挙げておこう．

(47) a. 彼は日本語を話す．
　　　b. 彼は日本語が話せる．　　(可能態)
(48) a. 私は故郷のことを思う．
　　　b. 故郷のことが思われる．　　(自発態)
(49) a. 私はビールを飲む．
　　　b. 私はビールが飲みたい．　　(願望態)
(50) a. 私はこの本を読む．
　　　b. この本は読みやすい．　　(難易態)
(51) a. 彼は私を家まで送った．
　　　b. 私は彼に家まで送ってもらった．　　(受益態)
(52) a. (誰かが)参考書を置いた．
　　　b. 参考書が置いてあった．　　(テアル態)

以上を概説とし，以下では，それぞれの態の表現を見ていくことにする．まず，受動態から始めよう．受動態には，受動の主体が人(または，それに準じるもの)の場合と無生物の場合があり，それぞれ異なった特徴を有する．そのうち，主体が人の場合は，主体が何らかの影響を受けるが，影響の受け方には，直接的なものと間接的なものがある．次の二つの受動文を比較してみよう．

(53)　太郎は先生にしかられた．
　(54)　太郎は学校からの帰り道で雨に降られた．

(53)では，「先生は太郎をしかった」という基本文に対応する．この場合，太郎は「しかる」という動作に直接的に関与している．これに対して，(54)では，太郎は「雨が降る」という出来事そのものには関与していない．雨が降った結果，太郎が不利益を被るという意味が表されているにすぎない．

　このような違いに基づいて，(53)のタイプの受動文を**直接受動文**，(54)のタイプの受動文を**間接受動文**と呼んで区別がなされている．間接受動文では，たいていの場合，不利益を被るという意味が表されるので，**迷惑(被害)の受け身**などと呼ばれることもある．

　次に，主体が無生物の場合には，影響を受ける場合と受けない場合がある．次の二つの文を比較してみよう．
　(55)　多くの寺院が焼きはらわれた．
　(56)　多くの寺院が建てられた．

(55)では，寺院が「焼きはらう」という影響を受けているが，もう一方の(56)では，「建てる」という動作の結果，寺院が存在するようになるのであり，寺院が「建てる」という動作の影響を受けているわけではない．「受動」の基本的な意味からすると，(56)のような例は受動表現とは言えなくなる恐れがあるので再考が必要となろう．

　再考が必要となるもう一つの事例は，益岡(1987)が属性叙述受動文と呼んでいる受動文である．例で言えば，次のような文である．
　(57)　この雑誌は十代の若者によく読まれている．

一般に，無生物を主体とする受動文は，次の例が示すように，関係する動作主をニ格で表すことはできない．
　(58)　*この雑誌は太郎によく読まれている．

ところが，(57)のような受動文は十分に許容される．このような受動文の扱いをどうするかは今後に残された課題である．

　続いて，使役態について考えてみよう．使役態については，まず，多義性が問題となる．次は，いずれも使役文である．
　(59)　太郎は忙しかったので代わりに花子に行かせた．
　(60)　太郎は花子が行きたいと言うので(花子に)行かせた．

(61) この問題は多くの人々を悩ませている．
(62) 太郎はうっかり肉を腐らせてしまった．
(63) 花子は娘を交通事故で死なせた．（花子に事故の責任がない場合）

これらの例を一つずつ見ていくと，まず，(59)の例は，花子に働きかけて行かせたという意味を表し，まさに「使役」の意味がそのまま当てはまる例である．この種の使役文を働きかけの使役文と呼ぶことにしよう．これに対して，(60)の例では，行きたがっている花子に行くことを許容したという意味である．許容の使役文とでも呼ぶべきものである．

(61)の例では，「この問題」が多くの人を悩ませている原因であるという意味が表されており，原因の使役文とでも呼ぶべき例であると言えよう．(62)は，肉を腐らせる意図はないのに腐らせてしまったということで，いわゆる「過失」の例である．さらに(63)では，客観的には花子には娘の死に対して責任はないのであるが，花子の主観的心理においては，娘の死を防げなかったという後悔の気持ちがあるという意味が表されている．

このように，同じ使役態と言っても，その内容は多岐にわたっている．注意すべきは，「使役」という命名にふさわしくない例が多いという点である．

次に，使役文の格の現れ方に目を転じよう．使役文の格を見る場合，元が他動詞の文であるか自動詞の文であるかが問題となる．元が他動詞文である場合，それに対する使役文は次のようになる．

(64) a. 花子が車を運転した．　（他動詞文）
　　　b. 太郎は花子に車を運転させた．　（使役文）

使役文において動作を行う主体はニ格で表されるのである．

他方，元の文が自動詞文である場合，動作の主体はヲ格またはニ格で表される．例は次の通りである．

(65) a. 花子が代わりに行った．　（自動詞文）
　　　b. 太郎は花子を／に代わりに行かせた．　（使役文）

元が他動詞であるか自動詞であるかが重要であるのは，元が他動詞である場合に限って動作の主体をヲ格で表すことができないからである．そうすることができない理由は，格の項で述べたように，二重ヲ格の構文が許されないためである．なお，ここで，課題として残るのは，元が自動詞である使役文で，動作の主体がヲ格で表される場合とニ格で表される場合の違いである．

では次に，残りの可能態からテアル態までを一瞥しておく．まず，可能態については，接辞(助動詞)"(rar)e"の付加によって述語が状態性を帯びる．そのため，次のように，元の文のヲ格が，格の項で述べた劣勢なガ格で表されることになる．

(66)　a.　彼は日本語を話す．
　　　b.　彼は日本語が話せる．

ただし，このような格の変更は義務的ではなく，元のヲ格がそのまま使われる場合もある．

(67)　彼は日本語を話せる．

なお，可能文のなかには，元の文のヲ格が優勢なガ格で表されることもある．次のような例がこれに相当する．

(68)　このキノコが食べられるかどうか知っていますか．

ここで注意すべきこととして，優勢なガ格はヲ格とは交替しないという点がある．

(69)　*このキノコを食べられるかどうか知っていますか．

続いて，自発態であるが，これには二つの系列のものがある．一つは，受動態の系列のものである．例は次の通りである．

(70)　太郎には亡くなった妹のことがしきりに思い出された．

もう一つは，次の例のような可能態の系列のものである．

(71)　どの本がよく売れますか．

(以上の，受動態，使役態，可能態，自発態については，寺村(1982)を参照のこと．)

次に，願望態の場合に移ろう．願望態に関係する接辞(助動詞)は"ta"である．この接辞が付くことによって述語は状態性を帯びる．その結果，元の文のヲ格が劣勢なガ格に変わることになる．

(72)　a.　私は小説を書く．
　　　b.　私は小説が書きたい．

ただし，可能文の場合と同様に，ヲ格がガ格に変更しないこともある．

(73)　私は小説を書きたい．

次は難易態である．難易態についても，接辞の付加によって動作性述語が状態性述語に変更される．その結果として，ヲ格が優勢なガ格に替わる．

(74) a.（私は）この本を読む．
    b. この本が読みやすいことは誰もが認めている．

そして，可能態のところで見たように，優勢なガ格は元の格とは交替しないという点に注意したい．

(75) *この本を読みやすいことは誰もが認めている．

続いて受益態を取り上げよう．受益文は補助動詞「もらう」の付加により，受動態または使役態に対応する格の交替が起こる．具体的に言えば，第一に，人を主体とする直接受動文，間接受動文に対応する．次の例を見てみよう．

(76) a. 私は先生に間違っている点を指摘された．（直接受動文）
    b. 私は先生に間違っている点を指摘してもらった．（受益文）
(77) a. 私はそのことで皆に喜ばれた．（間接受動文）
    b. 私はそのことで皆に喜んでもらった．（受益文）

第二に，使役表現のなかの働きかけの使役文に対応する場合がある．次のような例がそれに該当する．

(78) a. 私は太郎に頼んで荷物を送らせた．（使役文）
    b. 私は太郎に頼んで荷物を送ってもらった．（受益文）

次に，態の最後の例として，テアル態を見ておこう．テアル文の特徴は，元の文のヲ格がガ格に変更されるという点である．この点は無生物を主体とする受動文の特徴でもある．この種の受動文との決定的な違いは，動作主が表されないという点である．受動文のほうは，動作主を表すことができるのである．

(79) a. 花が飾ってある．（テアル文）
    b. 花が飾られた．（受動文）
(80) a.*花が生徒達によって飾ってある．
    b. 花が生徒達によって飾られた．

なお，テアル文は常に格の変更が見られるわけではなく，次の例のように，元の格がそのまま現れることもある．

(81) a. 予習をする．
    b. 十分に予習をしてあるから大丈夫だ．

（願望態，難易態，受益態，テアル態については，井上(1976)を参照のこと．）

以上で，態の記述を終えることにする．

(c) テンス

次の話題は**テンス**(tense)である．テンスとは，発話時を基準として当該の事態の時を定めるものをいう．具体的には，発話時より前のものは過去，発話時と同時のものは現在，発話時より後のものは未来，というように時を定めることである．テンスを表すものには大別して，「先月」や「来週」や「かつて」のような時を表す名詞，副詞と，述語の形態——具体的に言えば，基本形(終止形)とタ形(タ／ダで終わる形式)——の2種類があるが，名詞，副詞が任意に現れるのに対して，基本形・タ形は必ず選択されなければならないという意味で，後者のほうが文法的には重要である．そこで，ここでは，基本形とタ形という述語の形の対立にスポットを当ててテンスを考えていくことにする．

まずはじめに，述語の基本形を持つ文のなかにはテンスを持たないものもある，ということに簡単に触れておきたい．それは次のような文のことである．

(**82**) 　太陽は東から昇る．

(**83**) 　野菜は大きめに切って鍋のなかに入れる．

(82)のような真理を述べる文や，(83)のような作業の手順を表現する文などでは，述語は基本形で表されるが，この場合，過去・現在・未来のうちのいずれかの時を表すのではなく，そのような時間の流れを超越している点が特徴的である．時間の流れを超越しているという意味でテンスを持たないと言ってよいであろう．

このような文を除けば，文末の基本形とタ形は何らかのテンスを表現するのである．では，基本形とタ形は具体的に過去・現在・未来のなかのどれを表すのであろうか．この問題を考えるにあたっては，述語が動的な性格のものか状態的な性格のものかで事情が異なるので，両者を区別して考えていくことにする．

まず，状態的な述語の場合，次の例に示されるように，基本形は現在の状態か現在までの状態，タ形は過去の特定の時点の状態または過去の特定の時点までの状態を表す．

(**84**) 　a. 今はちょっと忙しい．　(現在の状態)

　　　　b. このところずっと忙しい．　(現在までの状態)

(**85**) 　a. きのうはとても忙しかった．　(過去の特定の時点の状態)

　　　　b. きのうまでずっと忙しかった．　　（過去の特定の時点までの状態）
ある状態の終わりが現在に達していれば基本形が使われ，達していなければタ形が使われる，と言ってもよい．また，ある状態が確実に存在することがわかっていれば，基本形が未来の状態を表すこともできる．
　(86)　あすもきっと忙しい．
　一方，述語が動的な場合は，基本形は未来の時点を，タ形は過去の時点を表す．このことは次のような例に示される．
　(87)　まもなくオリンピックが始まる．　（未来の時点）
　(88)　先日オリンピックが始まった．　（過去の時点）
ただし，基本形は，次の例のように，動きの繰り返しや習慣を表すこともできる．
　(89)　このところ雨がよく降る．
　また，動的述語のなかには基本形で現在を表すものがある．感覚・知覚を表す動詞や思考動詞の場合がそうである．次の例を見てみよう．
　(90)　魚を焼くにおいがする．
　(91)　右手に郵便局が見える．
　(92)　君の言いたいことはよくわかる．
　(93)　僕はそれでよいと思う．
　細かく言えば，「忙しい」のような状態述語が現在を表す場合と，感覚・知覚を表す動詞や思考動詞が現在を表すという場合には，わずかな意味の差が存するように思われる．すなわち，前者が現在の状態を表すという場合には，過去から現在に至りさらには未来をも指向するという時間の幅が存在するのに対して，後者が現在を表すという場合には，現在時そのものを表すと考えられるのである．例えば，(90)と次の(94)とでは，後者は時間の幅を持っているが，前者はそうではないという違いがあるものと思われる．
　(94)　さっきから魚を焼くにおいがしている．
　(95)　*さっきから魚を焼くにおいがする．
　それでは次に，二つの問題，すなわち，タ形が単純に過去を表すとは言えない場合と，従属節のテンスの問題を取り上げておこう．
　まず，タ形が単純に過去を表すとは言えない場合ということであるが，これには大きく言って二つの場合がある．そのうちの一つは，タ形が出来事の実現

とほぼ同時を表す場合である．次の例を見てみよう．

(96) あっ，落ちる，落ちる，落ちた．
(97) (バッターが)打ちました．

これらの例におけるタ形は，過去を表していると言えるであろうか．少なくとも日常的な意味での「過去」を意味してはいないであろう．むしろ，大まかに言えば発話時を表していると言いたくなるかもしれない．しかしながら，厳密に言えば，発話時と完全に同時を表しているわけではない．このことは，(96)の例によく表されている．「落ちる」と言っている段階では，まだ「落ちる」ことは実現していなくて，「落ちた」と言ったときにはじめて「落ちる」ことが実現しているのである．言い換えれば，「落下」が実現してはじめて「落ちた」と言えるのである．いくら発話時に近いからといって，発話時と同時であるとは言えないわけである．(96)や(97)のタ形は「発話時に限りなく近い過去の時点」を表すというのが，正確な捉え方であろう．

それでは，「発話時に限りなく近い過去」というのは「過去」と言ってよいのであろうか．この点は規定次第であるが，ここでは，どんなに発話時に近くても過去は過去であるという見方に立って，問題のタ形は過去を表すとしておきたい．

タ形が単純に過去を表しているとは言えないもう一つの事例は，次のような文におけるタ形である．

(98) その本はもう読みましたか．

この文が意味するところは，本を読むという動作が現在までに実現したかどうかということである．つまり，本を読むという動作がなされた実際の時間は過去のことであっても，(98)のような文が表しているのは，過去の出来事そのものを問題にしているのではなく，現在までの時点において本を読むといった動作が実現しているかどうかということである．この場合も，厳密に言えば，現在の時点そのものは含まれない．したがって，言い換えれば，現在の直前の時点までにある動作が実現しているかどうかの問題であると言える．ということは，先ほどの事例と同じく，(98)のような文におけるタ形は過去の時点を表すと一応は言えそうである．

だが，そのように解釈すると，単純に過去の時点を表す「きのうその本を読みましたか．」といった文におけるタ形の意味との相違が捉えられない．また，

(98)に対する否定的な答えが，(99)のような現在を表す形式をとることもうまく説明できない．

(99) いいえ，まだ読んでいません．

「読んでいない」という表現は，過去から現在に至る時間の幅を持つという意味で，現在の状態の意味を表していると言える．それゆえ，(98)のような文におけるタ形は，現在時への言及を必要とするであろう．ここでは，一案にすぎないが，この種のタ形は現在までの動作の実現・未実現を表す用法であり，過去と現在との二つの時点を指向するという意味において，過去を表すタ形の枠外にあるものと位置づけるべきかと考えるものである．

では次に，**従属節のテンス**の問題に移ろう．文末でのテンスは，発話時を基準とするものであった．これに対して，従属節のテンスは，主節の事態を基準とすることが少なくない．すなわち，基本形は主節の事態の時と同時かまたはそれより後の時を表し，タ形は主節の事態の時より前の時を表す．例えば次の例を見てみよう．

(100) 鳥が飛んでいくのが見えた．
(101) この映画を見る前に原作本を読んだ．
(102) この本を読んだ後ですぐにレポートを書いた．

(100)では，「見えた」時点と「鳥が飛んでいく」時点とは同時である．(101)では，「映画を見る」時点は「原作本を読む」時点より後である．さらに，(102)では，「この本を読んだ」時点は「レポートを書いた」時点より前である．

一方，従属節と主節がともに発話時を基準とする場合もある．次のような例がそれに該当する．

(103) おとといも仕事がはかどらなかったし，きのうもまた，はかどらなかった．
(104) 先月買った本を先週友人に貸してやった．

このように，従属節のテンスを決める基準となるものには，発話時の場合と主節の事態の時の場合などがある．一般に，前者は**絶対的テンス**，後者は**相対的テンス**という名前で呼ばれている．場合によっては，従属節が絶対的テンスと相対的テンスの両方を許容することがある．次の例などがそうである．

(105) 公園で遊んでいる／遊んでいたとき，一人の男が話しかけてきた．
(従属節のテンスについては，工藤(1995)を参照のこと．)

(d) アスペクト

次は**アスペクト**(aspect)について考えてみたい．アスペクトはテンスと密接な関係を持っている．ここではアスペクトを動的な事態の時間的な展開における種々の段階(局面)を表すもの，というように規定しておきたい．具体的には，事態のはじまりの前の段階，事態が始まってはいるがまだ終わっていない段階，事態の終わりの段階，事態の終わりの状態が持続する段階，などの諸段階が問題になるのである．

そこで思い起こされるのが，過去を表すタ形の枠外にあるとされていた(98)のような文である．

(**98**) その本はもう読みましたか．

このような文は，テンスの概念だけで解決しようとすると，テンスの項で見たように，十分な特徴づけを与えることはできない．ここでは，一つの試みとして，(98)のタイプのタ形は，テンスの面とアスペクトの面の両面を持っているものと考える．すなわち，テンスの面では現在を表し，アスペクトの面では事態の終わりの段階を表しているという見方に立つことにしたい．事態の実現・未実現とは，事態が展開のなかの終わりの局面に達しているかいないかの問題であると考えようというわけである．「もう本を読んだ」とは，本を読み終わるという段階に達したことを意味すると解釈してもよいのではないか．こうして，この種のタ形はテンスとアスペクトの両方にまたがるものという位置づけができるのである．テンスとアスペクトの両方の面を有するということは，純粋のテンスの表現でもないし，純粋のアスペクトの表現でもないということである．

それでは，純粋のアスペクトの表現にはどのようなものがあるのであろうか．ここでは，寺村(1984)のいう二次的アスペクトと三次的アスペクトの一部を純粋なアスペクトの表現とみなすことにする．

まず，二次的アスペクトの形式は，テ形(動詞の「〜テ」という形式)に後接する補助動詞であって，具体的には「〜ている」，「〜てある」，「〜てしまう」，「〜ていく」，「〜てくる」という表現である．以下では，これらの表現を一つずつ見ていくことにする．

はじめに取り上げるのは，「〜ている」形(以下，テイルと称する)である．テイルは用法の広さ，使用頻度の高さから見てアスペクトを代表する形式であ

2.4 述語成分と補足成分における基礎概念

る，と言ってよいであろう．テイルの様々な用法のなかで基本となるのは二つの用法である．一つは「泣いている」のように，動作・出来事が始まってはいるが，まだ終わっていないという段階を表すものである．もう一つは「死んでいる」のように，動作・出来事が終わっていてその結果が持続する段階を表すものである．

　動詞のうち，前者の意味を表すことができるのは，当然のことながら，動作・出来事の継続を表現できるものである．これに対して，後者の意味を表すのは，動作・出来事の主体が何らかの変化を起こすことを表現する動詞である．後者のなかでは瞬間的な変化を表すものが多い．

　以上の二つの用法を基本として，テイルにはさらにいろいろな用法が見られる．そのうちの一つは，習慣，繰り返しの動作・出来事の意味である．次の例を見てみよう．

　(106)　私はここのところ夕方 30 分ほど散歩をしている．

この例では，1回1回の散歩はそのつど終わるわけであるが，それらの散歩を全体として見たときには，散歩が始まって，まだ終わっていない，というように解釈できる．このような意味は，基本用法の1番目のものに類似している．

　このようなテイルの意味に関連する用法として，次のような例を挙げることができる．

　(107)　伝染病で毎日多くの人が死んでいる．

ここでも1人1人の死は瞬間的に終わる出来事であるが，それらの死を全体としてみた場合，その出来事が始まって，まだ終わっていないという意味に解される．

　さらに，テイルの用法には動作・出来事が実現，完了しているという意味を表す場合がある．次のような例がそうである．

　(108)　試合はもう始まっている．

このようなテイルの用法は，動作・出来事の結果が持続するという，基本的な意味の2番目のものにつながっている．

　これに関連して，次のようなテイルの用法がある．それは，(109)のように，過去の動作・出来事が現在においてどのような意義を有するかということを問題にするものである．

　(109)　その人物は 1919 年に生まれている．

この例では，その人物が1919年に生まれたという過去の事実が現在において何らかの意義を有するということが表されており，過去の動作・出来事が現在とどのように結びついているかが問われているわけである．

　以上で，とりあえずテイルの用法の観察を終わり，次に，「〜てある」という形式(以下，テアルと呼ぶことにする)の用法を見ていこう．テアルの基本的な意味は，誰かの行為の結果，実現した状態を表すというものである．そして，典型的な用法としては，ヴォイスの項で見たように，他動詞構文のヲ格がガ格の形式をとって現れるという特徴が挙げられる．

　(110)　テーブルに花が飾ってある．

ただし，このような格の交替が現れない場合もある．

　(111)　席を予約してあるので，安心してくれ．

このような例を含めて，テアルには一般に，ある目的のためにその行為がなされたという含意が存する点に注意したい．

　次は「〜てしまう」という形式(以下，テシマウと呼ぶ)である．テシマウは，動作・出来事が終わりの段階に達したという完了の意味を表す．命令や勧誘などの表現において，完了性を強調するという意味で用いられるのがテシマウの一つの用法である．

　(112)　早く宿題をしてしまいなさい．

もう一つの用法は，動作・出来事が終わりの段階に達してしまって，今さら元には戻れないという後悔の気持ちを含意するというものである．例は，次の通り．

　(113)　とんでもないことをしてしまった．

　補助動詞を取る最後の事例は，「〜てくる」，「〜ていく」(以下では，テクル，テイクと呼ぶ)である．この場合，クルとイクが対照的な関係にあるのと同様に，テクルとテイクもアスペクトの意味のなかで対照的な関係を構成する．すなわち，テクルは基準となる時点までを問題とし，テイクは基準となる時点以後を問題にする．基準となる時点が現在の場合であれば，テクルは過去から現在までの時を，テイクは現在から未来に向かう時を表す．動的事態の展開の段階を表すというアスペクト表現のなかでは異色のものである．

　そして，関係する動詞が継続を表し得る動詞の場合は，テクル，テイクは事態の継続の意味を表し，動詞が変化を表す場合は，漸進的変化の意味を表す．

2.4 述語成分と補足成分における基礎概念 67

次の例を参照してほしい．

(114) だんだん涼しくなってきた．　（漸進的変化）

(115) これからも言語学を勉強していくつもりです．　（継続）

　以上で，二次的アスペクトの記述を終わり，次に三次的アスペクトについて考えてみることにする．寺村(1984)では，三次的アスペクトの項において，時間的相のほかに，空間的相，程度・密度・強さ・完成など，の三つが挙げられているが，本章では，時間的相以外のものは，アスペクトの対象にはならないと考え，これらをアスペクトの項からは，はずすことにする．

　三次的アスペクトのうち，一つは**開始の意味に関わるもの**である．これには「～はじめる」，「～だす」，「～かける」などがある．これらの動詞はいずれも他動詞の形式であるが，組み合わされる動詞が複合動詞全体の他動性を決める．例えば，「飲みはじめる」と言えば他動詞だが，「(雨が)降りはじめる」と言えば自動詞になる．ただし，「かける」に対する「かかる」は自動詞であるが，これは「転倒しかかる」のように，自動詞と組み合わさって，複合動詞全体も自動詞となるのが普通である．

　継続の意味を表すものには，「～つづける」，「～つづく」という表現があるが，「～つづく」は「雨が降り続く」という例以外ではほとんど使われず，たいていのばあい「～つづける」が用いられる．「つづける」は他動詞であるが，複合動詞全体が自動詞になるか，他動詞になるかは組み合わさる動詞によって決まる．例えば，「走りつづける」は自動詞であり，「読みつづける」は他動詞である．

　次に，**終了の意味**で用いられるものには，「～おわる」，「～おえる」，「～やむ」などがある．このうち，「おわる」は自動詞，他動詞の両方の用法を持つが，アスペクトの表現として用いられる場合は，「読み終わる」のように，主に他動詞と組み合わさり，複合動詞全体も他動詞になるのが普通である．また，「おえる」は他動詞であるが，これと組み合わされる動詞は「終える」の場合と同様に，主として他動詞である．これには「読み終える」のような例が挙げられる．これに対して，「やむ」は自動詞であり，「泣きやむ」の例のように，組み合わさる動詞も自動詞である．

　以上見てきたように，アスペクト表現には主に，動詞のタ形，テイルのように補助動詞を含むもの，～ハジメルのように複合動詞となるもの，という3種

(e) モダリティ

次にこの節の最後の基礎概念として，**モダリティ**(modality)を取り上げる．モダリティとは何かということを考えるにあたっては，文全体の成り立ちを考えなければならない．

そこで，文全体の成り立ちを概略的に述べると，文は二つの異質な要素によって成り立っている．一つは「いつ，どこで，誰が，何をした」というような，表現主体からは独立した客観的な事柄を表す要素である．もう一つは，客観的な事柄に対する表現主体の態度や聞き手に対する言語主体の態度を表す要素である．「たぶんあす雨が降るだろう．」という文について言えば，「あす雨が降る」という客観的な部分と「たぶん……だろう」という主観的な部分が組み合わさって文が成立している，と言うことができる．

このような文の成立の基盤となる二つの要素のうちの前者を**命題**や**言表事態**という名で，後者を**モダリティ**や**言表態度**という名で呼んでいる．そこで，あらためて，モダリティとは何かという問題に対して，概略的な規定をしておくと，それは，発話時における命題や聞き手に対する表現主体の態度を表すものというように言い表すことができる．

それでは，モダリティを表すものには，具体的にどのようなものがあるのであろうか．まず第一に，命題に対する真偽の判断を表すものがある．次の例を見てみよう．

(**116**) a. あすは午後から雨になる．
b. あすは午後から雨になるだろう．

(116a)のように，文末が単純な述語で終わっている場合，表現主体は当該の事態が成り立つことを断定している．一方，(116b)のような「だろう」が付加された表現の場合，当該の事態が成り立つことの断定が保留されている．このような，表現されている事態の真偽判断に関するモダリティを，ここでは，**真偽判断のモダリティ**と呼ぶことにしよう．「だろう」は真偽判断のモダリティを表現する形式の一つである．そのため，「だろう」は過去の表現に変えたり，否定したりすることはできないのである．

真偽判断のモダリティを表すものにはほかに，ある種の根拠に基づく推定を

表す「ようだ」(例(117))、「らしい」(例(118))、推論の帰結を表す「はずだ」(例(119))、可能性を表す「かもしれない」(例(120))、確信を表す「に違いない」(例(121))、様態・予想を表す「そうだ」(例(122))などが挙げられる。(さらには、伝聞を表す形式である「そうだ」も、真偽判断のモダリティに加えるべきかもしれない。この問題については、仁田(1992)を参照のこと。)

(117) どうやら彼には何か考えがあるようだ。
(118) 今年は秋の訪れが早いらしい。
(119) これでうまく作動するはずだ。
(120) これでうまく作動するかもしれない。
(121) これでうまく作動するに違いない。
(122) これでうまく作動しそうだ。

これらの諸形式は、過去の表現に変えることが可能である。また、「はずだ」、「そうだ」は否定の表現に変えることができる。先に示したモダリティの規定からすると、過去を表すことができる形式はモダリティ要素ではないということになるが、判断のモダリティの体系から言うと、モダリティ要素の内部に位置づけるのが妥当である。そこで、ここでは仁田(1991)に従い、もっぱら表現主体の発話時の判断を表すものを**真正モダリティ**、そうでないものを**疑似モダリティ**と呼びわけることにする。

次に、二つ目のモダリティとして、ある事態の実現が望ましい、適切だという意味を表すものがある。このモダリティを**価値判断のモダリティ**と呼ぶことにしよう。これには、「～ものだ」、「～ことだ」、「～べきだ」、「～のだ(んだ)」、「～したほうがよい」、「～なければならない」、「～なくてはいけない」、「～ないといけない」などの形式がある。これらの例を以下に示しておこう。

(123) こんな時には黙っているものだ。
(124) 友人を大切にすることだ。
(125) 早く帰ってあげるべきだ。
(126) がんばるんだよ。
(127) 言いたいことははっきり言ったほうがよい。
(128) あすは少し早く起きなければならない。

これらの形式のうち、過去の表現にできないのは「～ものだ」と「～ことだ」であり、否定の表現にできないのは「～ことだ」、「～なければならない」、「～

なくてはいけない」,「〜ないといけない」である．したがって，真正モダリティとみなすことができるのは「〜ものだ」と「〜ことだ」である．なお，主体がどの人称を取る傾向があるかについて一言述べておくと，「〜ものだ」から「〜したほうがよい」までは2人称を，「〜なければならない」以下のグループは1人称を取る傾向があるということである．

もう一つの重要なモダリティ形式は，当該の文が表現・伝達機能の観点から見てどのような性格を有するかを表す形式である．文はそれが成立するとき，不可避的に何らかの表現・伝達上の機能を帯びるということである．このような，表現・伝達の面から文を類型的に特徴づけるモダリティを，**表現類型のモダリティ**と呼ぶことにする(表現類型のモダリティについては，益岡(1991)を参照のこと)．そして，ここでは，5種類の表現類型を認定することにする．具体的に言えば，**演述型，情意表出型，訴え型，疑問型，感嘆型**の五つである．

このうち，演述型とは，何らかの知識，情報を表現・伝達するものである．次のような例がこれに該当する．

(129) 花子はパソコンの勉強を始めた．

情意表出型とは，表現主体の感情・感覚または意志を表現するものをいう．例は次の通り．

(130) 何か冷たいものが食べたい．
(131) 早く後かたづけをしよう．

訴え型とは，次の例のような，聞き手に動作を行うことを要求するものである．

(132) 早く後かたづけをしなさい．

疑問型は未確定の部分を聞き手や自分自身に問いかけるものである．次のような例が挙げられる．

(133) 粘土を使って何かを作るのですか？
(134) あの人は何を作っているのだろうか？

感嘆型は次の例のように，感動の気持ちを表現したり，驚きの気持ちを表現したりするものである．

(135) 見事な夜景だなあ！
(136) なんて面倒な仕事なのだろう！

次に，もう一つのモダリティ形式として，**丁寧さのモダリティ**とでも呼ぶべ

きタイプを取り上げよう（丁寧さのモダリティについては，仁田(1991)を参照のこと）．丁寧さのモダリティの形式としては，「〜です」，「〜ます」を挙げることができる．これらの形式は，まさに聞き手に対する態度を表すものである．聞き手の存在がなければ——例えば，独話においては——用いられることのない表現である．あくまで，聞き手に対する敬意の気持ちを表すというのが，これらの表現の特徴である．

なお，これらの表現は，外形的には過去を表す形態を持っている．「〜でした」，「〜ました」というのがその形式であるが，よく考えてみると，これは，過去の丁寧さを表しているわけではない．例えば「きのうは雨でした．」という文の場合でいうと，この文に現れる過去のテンスは，命題で表されている事態が過去の出来事であるということを表している．つまり，「きのうは雨だった」というのが過去の出来事であるということであって，丁寧さは発話時に属するものである．したがって，丁寧さのモダリティは真正のモダリティであると結論づけることができるわけである．

以上が，モダリティの表現の概略である．あくまでも概略であって，他にも取り上げるべきものがあるかもしれないが，ここでは，以上をもってモダリティという概念の解説を終えることにしたい．

2.5　表現から見た文の類型

本節で話題にしようとするものは，前節(e)で取り上げたモダリティに関連するテーマである．具体的には，種々のモダリティのうちの表現類型のモダリティに関連するものである．表現類型のモダリティとは，表現・伝達の面から文を類型的に特徴づけるものであった．そして，前節で提案した類型は，演述型，情意表出型，訴え型，疑問型，感嘆型の5種類のものであった．本節では，あらためてこれらの文の類型を取り上げて，その特徴を再考してみたい．以下では，演述文，情意表出文，訴え文，疑問文，感嘆文の順に考察していくことにする．

（a）演述文

演述文は，何らかの知識，情報を表現・伝達するものであったが，主題成分

を持つか持たないかによって，二つのタイプに分かれる．すなわち，主題成分を持つ有題文と主題成分を持たない無題文の2種である．このうち，有題文は「主題-解説」という構造を有する．この構造の特徴は，文が大きく二つのまとまりからなるということである．すなわち，当該の文が何についての文であるのかを主題成分で表し，その主題成分について成り立つことを述べるという特徴を持っていることである．

そして，有題文はモダリティのなかの真偽判断のモダリティまたは価値判断のモダリティを有する．次の文を見てみよう．

(137) 私の夢はたぶんかなえられるだろう．

(138) 君はもっと積極的になることだ．

これに対して，無題文は，主題成分を持たず，一つのまとまりで表現される．そのような無題文の代表が，観察された現象を主観的な判断を加えず，そのまま言葉で描きあげた文である．このような文は，**現象文**や**現象描写文**の名で呼ばれている．その例を挙げてみよう．

(139) おやっ，雨が降っている．

(140) あそこに誰かがいる．

この種の文では，何について述べるのかを表す主題成分を導入することなく，出来事や状態のみを言い表す．その結果，無題文の形式を取ることになるのである．そして，有題文の場合とは異なり，真偽判断のモダリティや価値判断のモダリティが関与することはない(現象描写文(現象文)の詳細については，仁田(1991)を参照のこと)．

(b) 情意表出文

情意表出文とは，表現主体の感情・感覚または意志を表現するものであった．感情・感覚であれ，意志であれ，表現主体の内的事態を表すわけであるから，当然のことながら，原則として文の主体は1人称になる(ただし，疑問文では2人称となる)．

感情・感覚の表現の場合は，次の例が示すように，聞き手に対する伝達という側面は一般に希薄である．

(141) 自由な時間がほしい．

(142) 頭が痛い．

2.5 表現から見た文の類型

(143) どこか遠くに行きたい．

例えば，(143)の文を聞き手に対する伝達の側面を入れて表現しようとすれば，「～と思う」や「～のだ」のような表現を付加する必要がある．

(144) どこか遠くに行きたいと思います／のです．

この場合，丁寧体の「～ます」，「～です」が相手に対する伝達性を高める役割を果たしている，ということに注意したい．

意志表現については，主な形式として「～する」，「～しよう」，「～するつもりだ」がある．1人称を主体とし，述語としては意志動詞(人の意志的動作を表す動詞)が使われる．このうち，単に聞き手に自分の意志を表明するのは「～する」と「～するつもりだ」であって，「～しよう」は独話で自分自身に言い聞かせる場合に用いられる．

(145) 私は来週帰省する．
(146) 私は来週帰省するつもりだ．
(147) もうあきらめよう．

ただし，「～しよう」も「～と思う」を付加すれば，先に見た「～したい」と同じく，聞き手に対する伝達性が生じる．

(148) 私は来週帰省しようと思う．

聞き手に対して何らかの意志を表明する場合は，丁寧体も使用することができる．

(149) 私は来週帰省します．
(150) 私は来週帰省するつもりです．
(151) 私は来週帰省しようと思います．

「～しよう」という形式も聞き手に意思を伝達することができる．この場合，主として，聞き手に動作を申し出るかまたは動作を勧誘する意味で使われる．

(152) お荷物お持ちしましょう．　（動作の申し出）
(153) いっしょに帰りましょう．　（動作の勧誘）

聞き手に自分の意向を伝える用法であるので，丁寧体が使用できるわけである．また，聞き手の意向を尋ねることもできる．

(154) お荷物お持ちしましょうか？
(155) いっしょに帰りましょうか？

(c) 訴え文

　訴え文とは，聞き手に動作を行うことを要求する文のことであった．訴え文には大別して，命令文・禁止文，依頼文，価値判断文の3種が挙げられる．このうち，命令文・禁止文は表現主体の一方的な意向を聞き手に強要する点で，丁寧さを欠いたぞんざいな文となる．したがって，命令文・禁止文が使える相手や場面は限られることになる．

　命令文・禁止文は，専用の形式と命令・禁止の用法を持つものに分かれる．例えば，次の(156)と(157)はそれぞれ命令・禁止の専用の形式である．

　(156)　止まりなさい．

　(157)　こっちへ来るな．

これに対して，(158)～(160)は，強い口調で表現されたときに限り，命令文・禁止文として機能するのである．

　(158)　さっさと歩く！

　(159)　こっちに来ない！

　(160)　行った，行った！

　これらの命令文・禁止文の特徴は，聞き手がその場ですぐに実行できる内容の動作でなければならないということである．したがって，次のような文は非文となる．

　(161)　*来週までにレポートにまとめる！

専用の形式には，このような制限はない．

　(162)　来週までにレポートにまとめなさい．

　命令文・禁止文が動作を行うことを強要するのに対して，依頼文は，聞き手の意向を尊重する点で，丁寧な表現となる．命令文・禁止文が限られた表現形式で表されるのに対して，依頼文は直接的な依頼文から間接的な依頼文まで様々な形で表現される．代表的な直接的依頼文の例は(163)のような，「～て下さい」という表現である．直接的依頼文は聞き手に明示的に動作を要求するものである．

　(163)　来週までにレポートにまとめて下さい．

一方，間接的依頼文にはいろいろなタイプのものがあるが，例としては次のようなものを挙げることができる．

(164) 来週までにレポートにまとめていただけると有り難いのですが．

(164)は表面上は，動作を要求する部分は含んでおらず，動作要求は間接的に表現されているにすぎない．

動作要求は，また，価値判断文によっても表すことができる．次の例を見てみよう．

(165) 早く返事をしたほうがよい．

(166) 基礎をしっかり勉強することだ．

先のモダリティの項で，「〜したほうがよい」や「〜ことだ」は，主体が2人称になる傾向があるということを指摘しておいた．この点は(165)，(166)にも当てはまり，動作の主体は聞き手であることが暗示されている．ということは，これらの文では，聞き手に対してある動作を行うことが望ましいということが表明されている．このことは，これらの文が聞き手に対して間接的に動作を要求することを含意することにほかならない．

(d) 疑問文

疑問文には，事柄が成立するかどうかが未知のものと，文中に未知の要素が含まれているものと，選択肢が関与するもの，の3種類が区別できる(いずれも真偽判断のモダリティが不定(不確定)となるものである)．これらをそれぞれ，**真偽疑問文**，**疑問語疑問文**，**選択疑問文**と呼ぶことにしよう．以下に各例を挙げておく．

(167) 夏休みの宿題は終わりましたか？

(168) 夕食には何を食べましたか？

(169) 朝起きるのは，早いほうですか，(それとも)遅いほうですか？

疑問文には，また，未知の部分の答えを聞き手に尋ねる型と，答えを自分自身に問いかける型が区別される．両者をそれぞれ，**質問型の疑問文**(質問文)，**自問型の疑問文**(自問文)と呼ぶことにしよう．これらの疑問文の特徴は，前者では上昇調のイントネーションが，後者では下降調のイントネーションが使われることである．自問文の文末は「だろうか」，「かな」，「かしら」などの形式が使用される．

それぞれの例を挙げておこう．

(170) 選挙には行きましたか？

(171) 彼は選挙に行ったのだろうか？

真偽疑問文の質問型は丁寧体では終助詞「か」が使えるが，普通体では「か」を用いるときわめてぞんざいな文になる．普通体では「か」を削除するとぞんざいさは消える．次の例を見てみよう．

(172) 夏休みには映画を見に行きましたか？
(173) 夏休みには映画を見に行ったか？
(174) 夏休みには映画を見に行った？

疑問語疑問文の質問型は丁寧体では「か」が使用できるが，普通体では「か」が使用できない．この場合も「か」を削除すればよい．

(175) 夏休みには何をしましたか？
(176) *夏休みには何をしたか？
(177) 夏休みには何をした？

選択疑問文の質問型については，疑問語疑問文の場合と同様である．

(178) 映画に行きますか，コンサートに行きますか？
(179) *映画に行くか，コンサートに行くか？
(180) 映画に行く，(それとも)コンサートに行く？

なお，自問型は一般に，自分自身に問いかける性格のものであるから，普通体で表現される．

(181) あの人もパーティーに行くだろうか？

この場合，普通体の代わりに次の例のように，丁寧体を使用するとどのようなニュアンスになるであろうか．

(182) あの人もパーティーに行くでしょうか？

まず一つ言えることは，(181)が自問型であるのに対して，(182)は丁寧体で表現されているので，質問型に変わるということである．第二に，(182)は下降調のイントネーションで表現されているから，自問型の性格も残っているということである．したがって，(182)のタイプの疑問文は，答えを求めるという部分が和らげられた婉曲的な質問文になると言ってよいであろう(疑問文の文末の形式については，益岡(1992)を参照のこと)．

疑問文のなかで特異な性格を有するものとして，否定の形式が含まれるものがある．この種の疑問文は一般に**否定疑問文**と呼ばれている．次の例が示すとおり，否定疑問文は質問型の場合にも自問型の場合にも見られるものである．

(183) 田中さんはあなたに何か話さなかったですか？　　（質問型）
(184) 花子はきょうは来ないのだろうか？　（自問型）

このうち，質問型については，答え方が少々複雑になる．例えば，「田中さんは話さなかった」というのが事実である場合，答えは，「はい」も「いいえ」もどちらも可能である．

(185) はい，話さなかったです．
(186) いいえ，話さなかったです．

この場合，「はい」も「いいえ」もどちらも使用できるということから，一見，不合理に見えるかもしれない．

しかしながら，このような答え方は実際には，理にかなったものなのである．まず，「はい」が用いられるのは，質問者の質問に「話さなかったですか」という表現が含まれているからである．実際に話さなかったわけだから，「はい，（あなたの質問にあるとおり）話さなかったです．」という答え方になるのである．

これに対して，質問者がどんな答えを予想しているかという観点に立つと，「いいえ」が使用されるのである．つまり，「話さなかったですか」という質問をする者は，「話した」のではないかという予測を持っているわけである．この予測が事実とは違うということで，「いいえ」が使われるのである．すなわち，「いいえ，（あなたの予測とは違って）話さなかったです．」という答え方になるわけである．

(e) 感 嘆 文

感嘆文は多くの場合，述語を持たない形式で表される．次の例はこのような特徴を持った感嘆文である．

(187) まあ，きれいな花！
(188) 何ということを！

このような感嘆文に述語を加えると，もはや典型的な感嘆文ではなくなってしまう．

(189) まあ，きれいな花が咲いている．
(190) 何ということを言うんだ．

とはいえ，述語を有する感嘆文が存在することも事実である．

(191)　きれいな花だなあ！

(192)　日本語はなんて難しいのだろう！

感嘆文は，(191)のような詠嘆型と，(192)のような驚嘆型に分けることができる(この点については，益岡(1991)を参照のこと)．詠嘆型とは，発話時に観察される事態に対する表現者の感動の気持ちを表出するものである．一方，驚嘆型とは，所与の事態の存在に対する驚きの気持ちを表すものである．このうち，(192)で例示される驚嘆型の感嘆文は，主題成分も「だろう」も含んでおり，演述型に近い性格を持っていると言えそうである．(192)と次の演述文(193)を比較すれば，両者の関係のありようがよく理解されよう．

(193)　日本語はとても難しい．

第2章のまとめ

2.1　文の構造を構成する基本的な要素は形態素である．
2.2　文を構成する諸成分のうち，中心的な成分は述語成分である．
2.3　文に主語成分を認めるか否かは，今後に残された課題である．
2.4　文には，一つの述語を中心としてまとまる単文と，複数の述語の存在により複数のまとまりからなる複文が区別される．
2.5　従属節には，その内部に現れ得る要素の範囲によって，A類，B類，C類の3種が区別できる．
2.6　述語成分と補足成分に関係する主な基礎概念には，格，ヴォイス，テンス，アスペクト，モダリティがある．
2.7　格とは，補足成分と述語成分の関係のあり方の類型をいう．
2.8　ヴォイスとは，動的述語に接辞(助動詞)が付加され，それに伴ってガ格(主格)に別の名詞句が規則的に現れる表現をいう．
2.9　テンスとは，発話時を基準として当該の事態の時を定める表現をいう．
2.10　アスペクトとは，動的な事態の時間的な展開における種々の段階(局面)を表すものをいう．
2.11　モダリティとは，発話時における命題や聞き手に対する表現主体の態度を表すものをいう．
2.12　表現・伝達の面から文を類型的に特徴づける表現類型のモダリティの観点から，文は，演述型，情意表出型，訴え型，疑問型，感嘆型の5種類に分けることができる．

3
文法の基礎概念 2
述語と項の関係

3 文法の基礎概念2——述語と項の関係

【本章の課題】

　第2章で見てきたような「文法」に関する基礎的な概念，および，本叢書第6巻『生成文法』で見る，アメリカ構造主義以来の文法理論の中心的な考え方は，文の統語的な構造を階層的に捉え，その中で構成素の間の関係を捉えていくことであるといえる．しかし，階層性だけでは捉えきれない文法的な情報が存在することも確かであり，統語構造(句構造)以外の概念も文法記述の中に用いられてきている．また，生成文法の過去三十数年の歴史の中には，生成文法の文法観を踏まえながらも，文の階層的構造とそれに対する変形という操作のみでなく，異なった形で文法の記述的妥当性を達成しようとした試みもいくつかある．

　一般に，句の中で中心となる要素(**主要部**，head)と句の中の他の構成素(項・修飾語)との関係を**依存関係**(dependency)という．依存関係は，伝統的な国文法(第4章参照)における「係り受け」と同等の考え方であり，欧米でも，この考え方を文法の中心に据えた文法理論として，**依存文法**[†](dependency grammar)と呼ばれているものがある(例えば，Tesnière (1959)．概説としては，石綿(1983)を参照)．

　伝統的な「係り受け」では，文節を主語節，述語節，修飾節などにわけるが，依存関係においても，依存するもの(dependent)の中で，主語，目的語などの**補語**(complement，第2章の言い方では補足語)と，修飾語などの**付加語**(adjunct)との区別は重要である．直観的には，補語は，句の中心となる要素にとって必須の項であるが，付加語は随意的な項である．さらに，第6巻第3章でも触れられているように，変形文法では，補語として機能している句や節からの構成素の取り出しに比べて，付加語として機能している句や節からの取り出しに制約がかかることが多い．

　本章では，述語とその補語との関係に焦点をあて，その基本的な概念を解説し，あわせて，階層性以外の情報に重点を置き，変形という操作を排除しようとしてきた文法理論のいくつかを紹介する．なお，意味論的な概念にも触れるが，あくまでも，文の統語的なふるまいを説明するための道具立てとして用いられるものという観点からとりあげ，第4巻でとりあげるような純粋に意味論の問題には深入りしない．

3.1 文法関係の規定

(a) 格助詞

　文を構成する要素の補語を，さらに，「主語」や「目的語」などの**文法関係**(grammatical relation)という概念(**文法役割** grammatical role あるいは，**文法機能** grammatical function ともいう)を用いて細分化するのが普通だが，これらはどのように規定されるべきだろうか．まず，次の単純な規定を検討してみよう．

(1)　a.　主語は格助詞の「が」が付いたものである．
　　　b.　目的語は格助詞の「を」が付いたものである．

　次のような文を見る限り，これは成り立っているように見える(以下，作例以外の例文は，原則として1997年3月，4月の朝日新聞「天声人語」に拠り，その掲載日付を掲げる)．

(2)　桜前線が，ますますスピードを上げてきた．　　　　　(3月23日)

　しかし，格助詞のない，英語のような言語では，この規定が役に立たないことは明らかである．試みに(2)を英語に直訳してみると，

(3)　The "cherry front" has been increasing its speed.

主語である the "cherry front" にも，目的語である its speed にも格助詞は付いていない．英語にはそもそも格助詞はないので，(1)は日本語，ないしは，多少一般化しても，接辞などによって格を明示的に表示する言語にしか役立たない規定である．

　また，日本語でも格助詞が消滅する場合がある．文の一つの構成素をとりあげて**主題**(topic)にすると，「は」とか「なら」などが付く代わりに，格助詞のうちの「が」と「を」は消滅する．(2)の「桜前線」を主題にすると(4a)のようになるし，(4b)は「禁止する」の目的語である「長時間の席取り」が主題になっている例文である．

(4)　a.　桜前線は，ますますスピードを上げてきた．
　　　b.　すでに「長時間の席取りは他の花見客の迷惑となりますので禁止します」と看板が立ち，……　　　　　(3月23日)

同様なことは取り立て助詞の「も」「まで」「さえ」などを付けた場合にもおこる。「をも」「までが」など,「を」や「が」があっても可能な表現がいくつかある(益岡隆志,私信)ものの,主語と目的語のそれぞれにこれらの要素が付いた場合には,一般に,「が」も「を」もなくなり,格助詞は何の手がかりも与えてくれない.

 (5) 巨大なゴミ捨て場も用意された.   (3月23日)

この文においては,「巨大なゴミ捨て場」は「用意された」の主語である.

 さらに,格助詞を伴わない形で使うのが普通の場合もある.

 (6) 一升びんの中身は,煮出して水で割った番茶,かまぼこは月形に切った大根の漬物だし,卵焼きはたくあんだ.おまけに毛氈(もうせん)と称する敷物はムシロときた.一同やけくそになって…….

                (3月23日)

この場合,最後の文で,「一同が」と言うことはできないし,「一同は」としても落着きが悪い.「みんな(全員)が賛成するとは限らない」のように埋め込み文の中では「が」が自然に使えることが多い(益岡隆志,私信)が,「みんな」「全員」なども基本的には同じように振舞う.また,話し言葉では主格や目的格の助詞は言わないことが多い.(以下の(7b)では,厳密には「お兄ちゃん」は呼びかけとも解釈できるが,「お酒」は目的語である.)

 (7) a. お兄ちゃんよっぽどまいっている様子なの.
    b. お兄ちゃん,お酒飲む?

       (山田洋次・小林俊一・宮崎晃脚本『続・男はつらいよ』)

(b) 語 順

そこで,次に語順によって文法関係を規定することを試みよう.

 (8) a. 主語は文頭にある.
    b. 目的語は動詞の直前にある.

しかし,(8)のような規定のしかたは,日本語のような,語順の比較的自由な言語において,文内の位置が必ずしもこの規定通りにならないという欠陥をもつ.例えば,(2)の語順を変えた(9a)の文においても依然として「桜前線(が)」は主語であり,「スピード(を)」は目的語であるし,別の文(9b)においても目的語が文頭に出ている.

(9) a. スピードを桜前線がますます上げてきた．
　　b. 区域外に燃え出ようとする火を，一団が，杉や馬酔木の小枝か，竹を葛で編んだ火消し棒でたたき消す．　　　　　(3月20日)

しかし，語順に関しては，(2)が基本的な語順であり，(9)のようなものは後から語順を入れ替える操作によって派生されたものであると考えることもできるだろう．第6巻で解説がある生成文法においては従来そのように考えるのが普通であった．

実際，移動変形の存在を仮定する生成文法(変形文法)では，文法関係は構造から定義される2次的な概念であり，主語や目的語は，句構造の中の位置に基づいた次のような規定を仮定することによって定義されていた．

(10) a. 文の「主語」(subject)とは，文(S)という節点に直接支配される名詞句(NP)(1980年代後半以降の考え方では，屈折辞句(IP)ないしは動詞句(VP)の指定部の位置にくる名詞句)のことである．
　　b. 文の「目的語」(object)とは，動詞句(VP)という節点(1980年代後半以降の考え方ではV′(Vバー))に直接支配される名詞句のことである．

例えば(2)においては，(11)に示すような構造に基づいて，「桜前線(が)」が主語であり，「スピード(を)」が目的語であるとされる(ADVは副詞，Vは動詞)．

(11)
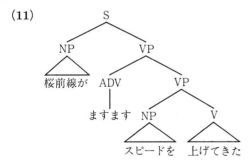

この規定は，主語・目的語を決めるのは日本語の格助詞「が」「を」ではなく，文内の位置であるとする．したがって，格助詞をもたない英語のような言語に対しても同様にあてはまり，その意味では普遍性をもっているといえる．また，上で見た「が」「を」の現われない日本語の文についても，その基底の構造を適切に仮定すれば主語や目的語を同定できるだろう．

しかし，文がどのような句構造をもつかは，理論内部の様々な仮定に依存することがらであり，その中には「動詞句」という節点を仮定しないものもあり得るので，その場合には主語と目的語とが区別できないことになる．

ただし，今まで見た(1)と(8)の二つの単純な仮定はもちろん独立でなく，相関関係がある．すなわち，文頭の名詞であれば「が」という格助詞が付くことが多いし，動詞の直前の名詞には「を」が付くことが多い．このことに注目して，日本語の文の格助詞の分布を(標準的な)語順から説明しようとした研究に，Kuno (1973)，Kuroda (1978)などがある．

(c) 意　味

では，意味を手がかりに文法関係を規定することはできないだろうか．例えば，主語は能動的に行為を行なうものであり，目的語は受動的に行為の影響を受けるものである，というような規定である．

実際，多くの他動詞の主語と目的語はこのように規定できるように思える．しかし，これが必ずしもうまくいかないことは，ほとんど同じ意味を表わす能動文と受動文とがあることを考えれば明らかであろう．例えば，(5)の「巨大なゴミ捨て場」は，「用意する」という動詞から見ればその行為を受ける側であるが，文全体が受動文なので，形式的には主語ということになる．このことは，主題を表わす「は」でなく通常の格助詞が表われる埋め込み文にしてみると，「が」が現われることからも明らかである．

(12)　巨大なゴミ捨て場 $\left\{\begin{array}{c}\text{が}\\ \text{*を}\end{array}\right\}$ 用意されたことが新聞に報じられた．

これは受動文という特殊性のためであり，このような場合には「もとになる」能動文に則して考えればよい，と思えるかもしれない．(5)に対応する能動文は，

(13)　(公園が)巨大なゴミ捨て場を用意した．

であり，「基本となる」能動文において受動的に行為の影響を受けるものが対応する受動文の主語である，という形で，意味に則して規定できると考えられるかもしれない．

しかし，よく知られているように，日本語には対応する能動文の考えられない受動文がある．「太郎が雨に降られた」の類の，「被害の受身」とか「間接受動

文」とかいわれているものである．さらに，受動文でなくとも，主語が能動的に行為を行なうものであるとは解釈できない文もある．**非対格**(unaccusative)**文**といわれている文がその典型である(非対格文については 3.2 節(d)を参照)．

(14) a. 決まった値段を素早く連絡するためには手旗信号のリレーが考え出され，二, 三日あれば江戸にも伝わった．　　　(3 月 31 日)
手旗信号のリレーが…伝わった
b. [自動販売機の]派手なデザインが，景観を損ねていることも多い．それに気付いて，色彩を変える動きが各地で出始めた．
(4 月 2 日)
色彩を変える動きが…出始めた
c. 思い切った登用というが，次官の年次が一気に飛ぶような人事は，役所にはなじみません．　　　(3 月 30 日)
次官の年次が一気に飛ぶような人事が…なじまない
d. 上と下の両方から，乾いた草がたちまち燃え広がる．
(3 月 20 日)
乾いた草が…燃え広がる

これらの主語に共通する意味的な性質があるだろうか．(14a, b)などは，「対応する能動文」として「手旗信号のリレーを…伝えた」「色彩を変える動きを出し始めた」というような他動詞文が考えられるかもしれない(後者はかなり不自然だが)．他の文も使役文にすれば，主語を目的語にしたものが存在しないわけではない．

(15) a. 手旗信号のリレーを…伝える
b. 色彩を変える動きを…出し始める
c. 次官の年次が一気に飛ぶような人事を…なじませ(ない)
d. 乾いた草を…燃え広がらせる

しかし，このような文の作り方に統一性がないのに加えて，これらの文の目的語であるということ以外に意味的な共通性が存在しない．これでは，「主語」を規定するのに「目的語」という概念を用いることになり，循環論的である．(ただし，文法関係を意味論に還元しようという興味深い試みとして，Dowty (1982)がある．これはモンタギュー意味論(第 4 巻第 2 章参照)を前提として，その意味的な表示から主語などを規定しようというものである．)

(d) 文法関係の独自性

結局，以上の考察である程度明らかになったと思われるのは，「主語」「目的語」というような文法関係はそれ独自の概念であり，他の何かに還元することはできそうもない，ということである．

実際，1970年代には，これらを文法の中の一次的な概念として利用することを提案した，**関係文法**(relational grammar)という文法理論が生まれた(Perlmutter & Postal 1977)．このような考え方は，一つの言語のみでなく，世界の言語に共通して現われる文法現象を統一的に捉えようとするときに，威力を発揮する．関係文法はその後，**対弧文法**(arc-pair grammar)とも呼ばれ，世界の様々な言語に対して興味深い分析を提案している(Perlmutter 1983; Perlmutter & Rosen 1984)．また，1980年代以降，文法関係を一次的な概念とする考え方は**語彙機能文法**(lexical-functional grammar, LFG)(Bresnan 1982a)などの中に反映されている．

文法関係を一次的な概念として用いる分析の例として，受動文を取り上げてみよう．日本語の例文の(5)と(13)を比較してみる．

(5) 巨大なゴミ捨て場も用意された．

(13) (公園が)巨大なゴミ捨て場を用意した．

文法関係の概念を用いると次のような対応関係があることがわかる．

(16) a. 能動文の目的語が受動文の主語になっている．
b. 能動文の動詞に「られ」を付けたもの——(5)の場合，「用意 s＋aれ」(第2章参照)——が受動文の動詞になっている．

これらのうち，(16b)の方は日本語に特有の現象で，「られ」という形態素(接辞)をもたない言語ではもちろん成り立たない(もちろん，英語の動詞の-edという語尾のように，言語によっては，対応する形態的な変化が別の形である)．しかし，(16a)の方は文法的な構造が全く日本語と異なる言語にも共通して見られる性質である．例えば，上の文を英語に直訳してみると，全く同じ対応が成り立つことがわかる．

(17) a. Huge dumps were prepared.
b. The park prepared huge dumps.

そこで，関係文法では，受動化(passivization)を(16a)のように規定し，こ

れが世界の言語に広く通用する普遍的な規定であると主張した(Perlmutter & Postal 1977)．関係文法は，**複層**(multistratum)の理論であり，複数の**層**(stratum)を仮定し，**初期層**(initial stratum)における文法関係と，最後の表層の文法関係との間で変更があり得るとしている．この枠組では受動化は，言語によらず，初期層において目的語であるものが表層において主語になる現象である，ということになる．ただし，関係文法における層間の対応は，文法関係の変更ということであるので，変形文法の深層の構造と表層の構造の間の対応のように，構成素が移動するわけではない．関係文法の主張は，構成素構造と独立に定義されるべき文法関係こそが普遍的な文法記述の中心であるということである．

　語彙機能文法は，関係文法のように複数の層を立てずに，一つの層のみからなる理論である．この文法では，構成素(constituent)間の関係を表わす **c–構造**(c-structure)と**機能関係**(functional relation)を表わす **f–構造**(f-structure)を表示のレベルでは同時に考えるが，これらも，変形文法の表層の構造と深層の構造のように派生(移動)という形で関係付けられているのではない(なお，変形を使わない分析の方がより「現実的」であるという主張については，語彙機能文法の提案に先立つ Bresnan (1978)の論文がある)．

　変形文法のように構成素の構造を移動によって変えることもないから，受動化は，受動態の動詞を能動態の動詞とは別に設定し，それらを**語彙規則**(lexical rule)によって対応付けることによって説明する．すなわち，動詞を，その目的語が主語として現われるような別の動詞と対応付ける規則を立て，そのような動詞が(最初にして最後の層の)構造中に現われるとする(Bresnan 1982a)．

　複層であれ単層であれ，このような受動化の規定は，変形を用いる文法理論において，「動詞の直後(直前)の名詞句を文頭の位置に移動する」というような，主語が文頭に現われる言語にしか通用しない規定に比べて，より一般的な規定であると言えよう．また，Bresnan (1978, 1982b)では，統語構造をいったん作ってから構成素を移動するという受動文の分析には様々な困難が伴い，構成素の構造を作る以前に辞書の段階で受動文用の形を作っておくという，語彙的な説明の優位性が論じられている．そのためには，文法関係を一次的な概念として立てる必要があるのである．

　文法関係が一次的な概念であるといっても，日本語の主語を見わける手がか

りが全くないわけではない．多くの場合は格助詞の「が」を伴うし，主題化されて「は」が付いていたり，取り立て助詞が付いていても，埋め込み文にしてみれば「が」が付くことが確認できることが多い（(12)参照）．

格助詞とは独立に主語の判定に使われてきているのが，2.2節でも触れられている，**尊敬語化**(honorification)と**再帰化**(reflexivization)である．これにより，例えば，次のような命令文の聞き手のように，明示的に現われていないものも，「持つ」「求め（ず）」「走ら（ず）」「思う」「歩む」の主語であると認定することができる．

(18)　　高い志を持って，名利を求めず，保身に走らず，つねに自分が正しい
　　　　と思う道を歩め．　　　　　　　　　　　　　　　　　　（3月27日）

また，「わかる」のような動詞の第1項は，主題の「は」が抑制される埋め込み文の中に入れると「に」を伴って現われるが，「自分」の先行詞になり，また尊敬の対象となるということから主語と認定することができる．

(19)　　a. あなたは自分自身の気持ちがわかっていない．
　　　　b. あの方（に）は奥さんも子どもさんもおありになります．

上に見るように，日本語で主語に「に」を付ける他動詞（「わかる」）の目的語（「気持ち」）には「が」が付く．これは，自動詞の主語に付くのと同じ格助詞である．これは，**能格性**(ergativity)として知られている現象である．日本語の場合にはすべての他動詞がこのような格のパターンをもつわけではないが，言語の中には他動詞が一般的にこのような格のパターンをもつものもあり，**能格言語**(ergative language)と呼ばれている．能格言語では自動詞の主語と他動詞の目的語とが同じ格（**絶対格** absolutive と呼ばれる格）になり，他動詞の主語はそれとは別の，**能格**と呼ばれる格になる．Dixon (1994)によると，バスク語，コーカサスの言語など，世界の言語の1/4ほどがこのような性質をもつという．次は Dixon (1994, p. 10) から引用した，北東オーストラリアの言語 Dyirbal の例である．ここでは，S は自動詞の主語を，A は他動詞の主語を，O は他動詞の目的語を表わし，ABS は絶対格，ERG は能格，NONFUT は非未来時制を表わす．

(20)　　a.　ŋuma　　　　banaga-n^{y}u
　　　　　　father+ABS　return-NONFUT
　　　　　　father (S)　returned

b. yabu　　　banaga-nʸu
　 mother+ABS return-NONFUT
　 mother(S) returned
c. ɲuma　　　yabu-ŋgu　bura-n
　 father+ABS mother-ERG see-NONFUT
　 mother(A) saw father(O)
d. yabu　　　ɲuma-ŋgu bura-n
　 mother+ABS father-ERG see-NONFUT
　 father(A) saw mother(O)

SとOがともに絶対格の形態をとり(この場合，裸の名詞句)，Aが能格の形態(接尾辞 -ŋgu の付加)をとっていることがわかる．

このような言語の場合にも，「主語」は格によって規定できず，独自の文法概念であると考えないといけないことは明らかである．

(e) 斜格性

格という概念については，すでに2.4節(a)で形態的な側面から説明がなされているので，ここでは，前項の文法関係と関連する側面にのみ触れる．

関係文法の主張の一つに，文法関係は互いに無関係でなく，歴然とした階層性があるという主張がある．それによると，主語(S, 関係文法の用語では1)が一番階層が高いところに位置し，目的語の中でも直接目的語(DO, 関係文法の用語では2)がその次，間接目的語(IO, 関係文法の用語では3)がその次ということになる．さらにそれ以外の項が現われる場合に，それらをまとめて**斜格目的語**(oblique object, OO)と呼び，このような階層性を**斜格性**(obliqueness) という．斜格性が高いということは，関係文法の階層では低いということになる．

斜格性という概念は文法体系の中で様々な現象と関係をもつ．日本語の場合だと格助詞の形が斜格性によって決まることが多く，斜格性の一番低いものが主格，すなわち「が」を伴い，次が「を」，その次が「に」というのが一般的である．実際，補語を一つしかとらない動詞，すなわち自動詞の補語(主語)は必ず「が」をとり，補語を二つとる動詞(他動詞)の2番目の補語は「を」をとることが多い．例外は，主語には「が」を付けるものの，その目的語に「に」を付ける「勝つ」「会う」などの動詞，および，「が」を付ける「欲しい」「好

> **再帰化：文法関係か格か意味役割か**
>
> 本章では，再帰化を主語に基づいて説明する立場を仮定し，「〜に〜が」という格のパターンをとる「わかる」などの動詞の「〜に」を主語であるとした．次のような文を見ると，このようなパターンの文の「〜が」は「自分」の先行詞になれないことは明らかである．
> 　(a) あなたには田中君のことが自分のことのようによくわかるんですね．
> しかし，主語でないものが「自分」の先行詞になっているように見える文がある．
> 　(b) 田中君が永田さんを自分の家に帰らせた．
> 　(c) 田中君の一番の心配は自分の美人の奥さんだ．
> 　(d) この中では，田中君が自分の妹が一番美人だ．
> 　これらのうち，(b)は使役文などにおいて現われる現象で，様々な分析法が可能だが，それらに共通しているのは，何らかの表示のレベルで，「帰らせた」を「帰る」と「させた」にわけ，それぞれの主語を表示することが可能なメカニズムを仮定することである(例えば，郡司(1994)を参照)．(c)のタイプは心理状態を表わす動詞に見られる現象で，決定的な分析法はないと言えるが，何らかの形で，心理状態を記述されている人間(この場合は「田中君」)を指定するようなメカニズムによらないと説明できない．いずれにしても，文法関係や格だけでは説明できず，意味論的な説明が必要となる(このタイプおよび類似の文の分析については，例えば，McCawley (1976), Inoue (1976), Howard & Niyekawa-Howard (1976), 井上(1976), Iida (1992)などを参照)．(d)は，「が」が付いているものの，「田中君」は主語でなく，いわゆる「総記」の「が」である．これはいくつかのものの中から一つを特にとり出し，それだけが一定の性質を満たしていることを言うときに使われる「が」である．このように，主語でなくとも，「総記」の「が」が付いたものが「自分」の先行詞となることがある(Gunji 1987)．

きだ」などの状態性の述語（品詞的には形容詞・形容動詞）である．また，可能動詞の「できる」「話せる」などの状態性の動詞では主語に「に」を付け，目的語に「が」を付ける．また，補語を三つとる動詞の2番目と3番目の補語にはそれぞれ「を」と「に」が付く．

　斜格性に基づいて考えると，世界の多くの言語で見られる受動化という現象は，動詞の形態的な変化を除くと，目的語をより斜格性の低い主語に**昇格**(advance)させる現象であると考えることができる．このことに関連して，関

係文法では次のような一般的な制約が提案された(Johnson 1977).

(21) THE NUCLEAR CHAINING CONSTRAINT (NCC)
ある位置の名詞句を昇格させる操作がある場合，その操作はそれより斜格性の低い位置にある名詞句も同じように昇格させる．

これによると，英語の受動化は DO のみを S に昇格させる操作であるので，それより斜格性の高い IO を必ずしも S に昇格させるとは限らないが，日本語の二つ目的語をもつ他動詞に対する受動化は IO を S に昇格させることができるので，それより斜格性の低い DO を S に昇格させることも可能でないといけないことになる．以下の例文は日本語と英語のこのような違いを表わしている．ただし，Pollard & Sag (1987, p. 119)によると，(22c)のような言い方が可能な英語の方言もあるという．

(22) a. Lou gave Sandy a book.
b. Sandy was given a book (by Lou).　(DO → S)
c.*A book was given Sandy (by Lou).　(IO → S)
d. Lou gave a book to Sandy.
e. A book was given to Sandy (by Lou).　(DO → S)
f.*Sandy was given a book to (by Lou).　(IO → S)
g. 健は奈緒美に本を贈った．
h. 奈緒美が(健に)本を贈られた．　(IO → S)
i. 本が(健によって)奈緒美に贈られた．　(DO → S)

ちなみに，英語で(22a)を(22d)に対応させるのは，IO である *a book* を DO に昇格させる操作である．この場合，もとの DO の *Sandy* は *to Sandy* という形の OO になる．

斜格性は目的語の語順にも反映される．(22a)と(22d)に見るように，動詞にもっとも近い位置にあるのは DO と IO のうち，斜格性の低い DO であり，(主語以外の)目的語の間では，斜格性が高いほど動詞から遠い位置(すなわち，英語ではより後ろ)に置かれる．日本語の場合も，「〜に〜を…する」という語順を基本的なものと考えると，目的語の中では斜格性の高いものの方が動詞から遠い位置(すなわちより前)に置かれると言える．

斜格性およびそれに対する NCC のような制約は，昇格以外の現象にも関係することが知られている．ここでは，照応詞の束縛とのかね合いを見ることに

しよう．第6巻第3章でみるように，-selfや「自分」という形をもつ再帰形は(前方)**照応詞**(anaphor)と呼ばれ，局所的な領域(多くの場合同一文内)に先行詞をもつ．ただし，単に同一文内にあればよいというわけではなく，第6巻第3章の枠組では，**c–統御**(c-command)という，構造に則して規定される関係が先行詞と照応詞との間に成り立つことが必要であるとされている．

これに対して，関係文法や，それより後に提案された**主辞駆動句構造文法**(Head-driven Phrase Structure Grammar, HPSG) (Pollard & Sag 1987, 1994)では，先行詞と照応詞との関係を斜格性に基づいて規定する．すなわち，先行詞は照応詞よりも斜格性が低くなければならない．ただし，日本語では条件がさらにきつく，一般に，先行詞は斜格性が最も低いもの，すなわち主語に限られる．

(23)　a. John likes himself.
　　　b. Mary talked to John about herself.
　　　c. Mary talked to John about himself.
　　　d. 健は自分が嫌いだ．
　　　e. 奈緒美は健に自分(＝奈緒美)について話した．

さらに，Pollard & Sag (1994, p. 264)で議論されているように，構造に則した関係では区別できない次のような現象も斜格性に基づいて区別することができる．

(24)　a. Mary talked to John about himself.
　　　b.*Mary talked to himself about John.
　　　c.*Mary talked about John to himself.

これらは，斜格性について，to句の方がabout句よりも斜格性が低いと仮定すれば説明できる．ただし，Johnson (1977)やPollard & Sag (1994)らが述べるように，斜格性のみでは，次の文の非文法性は説明できない．両者とも斜格性の他に語順も関係するだろうとしている．

(25)　*Mary talked about himself to John.

斜格性に関連する現象として，日本語の敬語のうちで謙譲化について触れよう．尊敬化は主語を尊敬の対象とするが，謙譲化は目的語を尊敬の対象とする．ここで，二つ以上の目的語がある場合にはどちらが尊敬の対象となるだろうか．Harada (1976)は次のような例を挙げて，直接目的語でなく，間接目的語のみ

が尊敬の対象となることを指摘している．

(26) a. 山田先生に弟をご紹介した．
    (「山田先生」は間接目的語，「弟」は直接目的語)
  b.*弟に山田先生をご紹介した．
    (「山田先生」は直接目的語，「弟」は間接目的語)

これは，最も斜格性の高いものが尊敬を受けるという形に一般化することができる(Fukushima 1993)．すなわち，尊敬化は最も斜格性の低いものに対する敬意を表わす手段であり，謙譲化は最も斜格性の高いものに対する敬意を表わす手段であるという，鏡像の関係がある．

斜格性はまた，関係節の作り方にも関係する．世界の言語で一般的に，斜格性の低い項(付加語も含む)ほど関係節の先行詞になりやすい．そして，NCCの予測する通り，より斜格性の高いものが関係節の先行詞になり得るならばそれより斜格性の低いものも先行詞になり得ることが観察される．Keenan & Comrie (1977)は，ここで斜格性の階層と呼んでいる階層を，次のような「利用可能性の階層」と呼んで，それに基づいて，階層性制約を提案している．

(27) **利用可能性の階層** (Accessibility Hierarchy, AH)
  主格 > 直接目的格 > 間接目的格 > 斜格 > 属格(genitive) > 比較格(object of comparison)

(28) THE HIERARCHY CONSTRAINTS (HCs)
  1. どの言語でも主語を関係節の先行詞とすることができる．
  2. 関係節化は AH の中の連続した区画に対して適用される．
  3. 関係節化の適用は AH の中のある位置より低いところには適用されないこともある．

上の述べ方は多少わかりにくいが，要するに，世界の言語の中には，関係節化の先行詞に関して，主語のみのもの，主語と直接目的語のみのもの，主語・直接目的語・間接目的語のみのもの，などは存在するが，直接目的語のみのものや主語と間接目的語のみのもの，などは存在しないということを主張している．彼らは数多くの言語の調査結果を表にしているが，それによると英語は直接目的格までの関係節化を許し，フランス語・ドイツ語は属格まで，韓国語は斜格までとなっている．日本語は間接目的格までは確実に関係節化を許すが，斜格と属格に関しては可能な場合と不可能な場合があるとしている．

井上 (1976) は Keenan & Comrie (1977) の AH の中の斜格を日本語に対して細分化して，次のような，より細かい階層性を提案している（井上 (1976) の呼び方では「属格」は「所有格」となっている）．

(29)　主格 ＞ 直接目的格 ＞ 間接目的格 ＞ 位置格「に」＞ 位置格「を」＞ 目標格「に」「へ」＞ 位置格「で」＞ 助格「で」＞ 基準格「で」＞ 奪格 ＞ 属格 ＞ 起点格 ＞ 随格 ＞ 理由格 ＞ 比較格

井上 (1976) の分析によると，単文からの関係節化が可能なのは主格から属格までと理由格で，「それ」などの代用名詞句を関係節内に置けば起点格と随格も可能である．この意味では，Keenan & Comrie (1977) の HCs の 2 番目で言う「連続性」が成り立っていないが，代用名詞句を置く場合を含めると連続していることになる．さらに，文主語からの関係節化に関しては，代用名詞句を置かない場合で目標格「へ」まで，代用名詞句を置く場合で随格までが可能であり，関係節からの関係節化では（例外はあるが）主格のみが可能という一般化をしている．

3.2　意味役割

(a)　意味役割の問題

変形文法の標準的な考え方では，基底の構造（深層の構造）は文の基本的な要素をその統語的な性質のみによって配置するが，動作主や受益者などの，一つの動詞がとる項の意味的な性質の違いはそのような構造に反映されない．これに対して，Gruber (1965)，Jackendoff (1972) などで提唱されている，**意味役割関係** (thematic relation) を基本的なものとする考え方がある．

用語に関して一言注意しておくと，theme は通常「主題」と訳されるが，topic の「主題」とまぎらわしいので，本章では，第 3 巻第 1 章と同じく「対象」と訳すことにする．しかし，thematic relation は「対象関係」ではわかりにくいので，いささか長いが，semantic relation と同じことなので上のように訳した．本章の「意味役割」は，したがって，semantic/thematic role の訳である．

C. J. Fillmore の提唱した**格文法** (case grammar) では，そのような意味的な

性質を深層格(基底格)と名付け，表層の構造は，それらの項が，主語や目的語として実現してできるという形で文法を構成した(Fillmore 1968, 1977)．これは，伝統的な述語論理とは異なり，事象(event)とそれに関係する意味役割による論理表記を用いた Davidson (1967) の意味論の考え方と同じものであるといえる．(Fillmore のいう「格」は前節の「主格」「目的格」などとは異なる概念であるので，ここでは，混乱を避けるために，「意味役割」という言い方に統一する．なお，本巻第1章でも，「格」を Fillmore の意味で使っているので注意されたい．)

このような考え方自体には重要な意義があったが，格文法そのものは，当時の変形のメカニズムを用いて形式的に実現しようとしたために，問題が多すぎ，独立の理論とはなり得なかった．ただし，動詞がとる項の意味的な性質という考え方は，後の変形文法の中に θ 役割(θ-role)という形でとり入れられるに至っている (Chomsky 1981)．

ここで一つ問題になるのは，言語にはどれだけの意味役割が存在するのかということである．例えば，Fillmore (1968) の設定した意味役割には，動作主格(agentive)，道具格(instrumental)，与格(dative)，作為格(factitive)，場所格(locative)，対象格(objective)，受益者格(benefactive)などがあり，後に，与格は経験者格(experiencer)と源泉格(source)，目標格(goal)などに分解された．Jackendoff (1972) の設定した意味役割も同様である．さらに，他の研究者によって，対象(theme)，受動者(patient)なども意味役割として設定されることがある．しかし，どの動詞がどの意味役割をとるのかということについては，必ずしも一貫した基準がなく，またこれらの有限個の少数の意味役割ですべての動詞のすべての項の意味を記述し尽くせるのかという問題がある．

意味役割という概念が有効だと考えられてきたのは，次のような性質が成り立つことが暗黙に前提とされてきたからである(Dowty 1989)．

(30) a. 完全性(Completeness)　すべての項は何らかの意味役割をもつ．
b. 個別性(Distinctness)　一つの動詞の二つ以上の項が同じ意味役割をもつことはない．
c. 唯一性(Uniqueness)　一つの項が二つ以上の意味役割をもつことはない．
d. 独立性(Independence)　意味役割は動詞によらない．

> **Case の諸例**
> Fillmore の「格文法」の最初の論文 (Fillmore 1968) は『格文法の原理』という論文集に全訳が収録されているが，そのタイトル，'The case for case' は「格の症例」と訳されている．2 番目の case は文法用語の「格」であるが，1 番目の case は「場合」ということであり，これから派生した意味で，病気の「症例」，さらには病院での「患者」の意味にも使われることもある．これが警察沙汰になると「事件」であり，裁判所にまで行くと「訴訟」になる．Fillmore は 1970 年代に入ってからは，格文法についての論文をほとんど書かず，しばらく沈黙していたが，1977 年に，'The case for case reopened' というタイトルの論文を発表した (Fillmore 1977)．再審の開始というわけである．

  e. 自然性 (Naturalness) 意味役割は意味論的に自然なクラスを作る．

このうち，完全性，個別性，唯一性を合わせたものが，1980 年代の変形文法理論 (GB 理論，後に原理と媒介変数のアプローチ) (Chomsky 1981, 1986) で重要な役割を果たしていた θ 基準である (第 6 巻第 3 章参照)．注意すべきは，θ 基準においては，最後の二つの性質 (独立性と自然性) は明示的に要請されていないということである．つまり，名前のない，$\theta_1, \theta_2, \cdots$ などの存在が仮定されているにすぎない．これは Ladusaw & Dowty (1988) で「θ 役割」の「区別用法」(diacritic use) と呼ばれている．第 6 巻第 3 章の解説からわかるように，θ 役割の理論は本質的に統語理論であり，意味の理論ではなかった．実際，θ 役割が何であっても，それは「区別」できればよく，何かがそこにあるということ以上の前提を用いていなかったので，意味論的に規定する必要がなかったのである．また，語彙機能文法でも，上の完全性に対応する制約を「一貫性」(coherence) という名前で要求し，それに加えて，動詞の各々の意味役割が何らかの文法関係によって実現されていることという意味での「完全性」(completeness) を要求している (Kaplan & Bresnan 1982)．また，この意味での完全性と (30) の唯一性が同時に成り立つことを「機能–項の両唯一性」(function-argument biuniqueness) の名前で要求している (Bresnan 1980)．

  ここで，ある言語での動詞の総数を I，一つの動詞がとり得る項の数の最大値を J，意味役割の数を K とすると，個別性から，K は J 以上でなくてはな

> **diacritic**
>
> diacritic というと，言語学で一般的なのは，発音記号や，フランス語・ドイツ語などの正書法で，アクセント，長音化，無声化などの様々な付加的な情報を付け加える記号である．例えば，同じ o という文字であっても，フランス語では 3 種類のアクセント記号で é, è, ô のように区別する．ドイツ語のウムラウト ö，日本語のローマ字の長音記号 ô なども同じであるし，スペイン語の ñ などもある．日本語の母音は無声子音の間に入ると無声化することが知られているが，そのような無声母音は [o̥] のように表記する．

らない．この数はさほど大きくないと思われるが，動詞ごとに各々の項のもつ意味的な役割が異なれば，極端な場合には，K は $I \times J$ に等しくなる．文法理論において，意味役割のような概念を使うことに意味があるのは，K が十分に小さく，J に近い値をとるような場合であろう．少なくとも，意味論的には K が小さくなくては何の一般化をしたことにもならない．これが独立性の意味であり，K を実質的に小さく抑えることになる．

また，上の完全性，個別性，唯一性だけを満たすようなクラスはいくらでもあり得るが，意味論的に見て興味のあるのは，各々のクラスに対して，人間の動作，自然界の状態などに即して，自然な意味付けができるようなクラス分けがなされている場合である．これが自然性である．伝統的な「動作主」「経験者」「目標」「源泉」などはこのことを反映している．もっとも，これらの概念が，どのように「自然」なのかを意味論的にはっきり定義した上でこれらを使用している理論は少ない．

例えば，自動詞の主語が常に動作主であるとは限らない．「走る」「笑う」などの典型的な動作を表わす動詞の場合には，その主語の意味役割は動作主であるとしても問題はないかもしれないが，「好む」「痛む」のような心的な状態を表わす動詞の主語を「動作」主と呼ぶことには異論もあるだろう．

さらに，「走る」と「笑う」の主語の意味役割をともに「動作主」と呼ぶこと自体にも問題がないとは言えない．同じラベルを付けるということは，「走る」の主語の意味役割は「走る人」であり，「笑う」の主語の意味役割は「笑う人」である，ということ以上の意味があるということを主張しているわけだから，「走る人」と「笑う人」とに「自然な」共通する性質があり，それが言語に

おいて有効に活用されているということを示さなくてはならない．

実際，これは厳密には実行しがたいプログラムであり，意味役割を用いる言語理論でも，動作主などは，ある程度直観に頼った定義によっていることが多いのが実状である．

また，そもそも何らかの意味役割のラベルを張ることが可能なのかという問題がある．例えば，「売る」と「買う」という動詞を考えてみよう．前者の主語は「売る人」であり，後者の主語は「買う人」であるが，これらの意味役割は何であろうか．まず，売買は品物と代金の交換であり，どちらを「対象」とするかに不定性がある．どちらも「対象」であれば，それは個別性に違反することになる．さらに，「売る人」は，品物を「対象」として見れば「源泉」であるが，代金を「対象」として見れば「目標」である．また，「買う人」は，品物から見れば「目標」であり，代金から見れば「源泉」である．唯一性によると「売る人」「買う人」はそれぞれ，「源泉」ないし「目標」のどちらか一方の意味役割しかもつことができず，品物から見るか代金から見るかの選択を迫られることになる．

さらに，そもそも個別性を満たしがたい動詞が存在する．「似ている」「同じだ」のような対称性をもつ動詞の場合，二つ以上のものが対称の関係にあることを述べているが，たまたまその一つを主語として表現し，他のものを目的語として表現するにすぎないので，主語と目的語とを交換しても全く同じことを表現できる．

(31) a. 事実をこれほどまで迅速，的確に把握できないのは，ウソと同じくらい始末が悪い．　　　　　　　　　　　　　　（3月18日）
　　　b. ウソは，事実をこれほどまで迅速，的確に把握できないのと同じくらい始末が悪い．

上の例では，対象として何をとりあげるか，という点では談話的な内容は異なるが，「…把握できないこと」と「ウソ」とが同じであるということを述べている点では同じ内容を表わしている．この場合，「同じだ」の主語にどのような意味役割が割り当てられようとも，それと同じ意味役割が「と」の付いた目的語にも割り当てられなくてはならないことになる(Ladusaw & Dowty 1988; Dowty 1989)．

以上をまとめると，意味役割に関しては，次のような問題が指摘されてきて

いる．

(32) a. 動詞によらない普遍的な意味役割の集合をあらかじめ規定しておくことは困難である．
b. 命題的な意味だけでなく，どのような視点で現象を見るかに依存する．
c. 意味役割と述語の項との一対一対応(個別性と唯一性)が成り立たない場合がある．

θ 基準における θ 役割を前述のように「区別用法」と解釈すると，これらは実は大きな問題ではなくなる．「同じ」のような述語の二つの項の「θ 役割」をとにかく θ_1, θ_2 と呼んでしまえば，θ 基準を云々することができるし，「売る」「買う」のような動詞には，「売る人」「買う人」「品物」「代金」の各々がもつ四つの θ 役割(それが何であれ)を設定すればすむことだからである．しかし，これは自然性に明らかに違反するし，例えば，「売る」の「品物」にのみ，一方の「対象」に対しては源泉，他方の「対象」に対しては「目標」というような θ 役割(例えば「源標」とでも呼んで)を設定することは独立性にも違反することになる．

(b) プロトタイプとしての意味役割

しかしながら，意味役割に期待する役割を少し緩めれば，意味役割をもう少し肯定的に考えることもできる．特に，独立性と自然性とに重点を移し，言語学的に意味のある一般化が得られるような場面に限って意味役割を用いることにすれば，その有用性も明らかになってくると思われる．そのような，意味論的に意味役割を規定しようとする試みの一つに Dowty (1991) がある．

この考え方では，意味役割の区別は離散的なものではなく，連続的な性格をもつものとして，その両極端に典型としての proto-agent と proto-patient を配置した構成を考える．proto-agent は典型的な動作主性をもったもので，次のような意味論的な性質をもっているとされる．

(33) a. 事象ないし状態に意図的に関与する．
b. 意識的であり感覚をもつ．
c. 事象や他の関与者の状態変化を引き起こす．
d. (他の関与者に対して相対的に)移動する．

(e. 動詞によって名付けられた事象と独立に存在する.)

一方, proto-patient は典型的な受動者性の集合であり, 次のような性質からなる.

(34) a. 状態の変化を伴う.
b. 累加的対象である.
c. 他の関与者によって引き起こされたことの影響を受ける.
d. 他の関与者に対して相対的に静止している.
(e. 動詞によって名付けられた事象と独立には存在しない, あるいは全く存在しない.)

これらは互いに独立に動詞の意味に貢献をすると仮定されているが, もちろん多くの動詞がこれらの性質を複数同時にもっている.

proto-patient のもつ性質の中で特に注目したいのが, **累加的対象**(incremental theme) という性質である. これは, 動詞の表わす事象を計量する場合に, その項(多くの場合, 目的語)が累加的対象という意味役割をもっていれば, その量でもって事象を測ることができるというものである. 例えば, 「用意する」という事象の場合, その「大きさ」は用意したものの量で計ることができる. したがって, 次のような文は大家がどのくらい用意をしたのか, という問に対する答として用いることができる.

(35) 大家が胸をたたいて用意した酒肴(しゅこう)は, 一升びん三本とかまぼこに卵焼きの豪華版. (3月23日)

累加的対象という性質は意味的性質だから, 文法関係に左右されない. 例えば, 受動文の場合にはその主語の量で事象の大きさを測ることができる. 次の例の3文目は「配する」という事象の規模をその受身形「配される」の主語の指す人間の集団の大きさで表現している.

(36) 見渡す限り枯れススキの傾斜の, 上から下まで標高差は百五十メートル. かなり急だ. 要所要所に, 地元の百五十人が配された.

(3月20日)

また, 動詞の中には, 自動詞の「集まる」や次の例の「(列を)つくる」のように, その主語がそもそも累加的対象であるものがある.

(37) 事件から二年たった二十日, 現場の一つ, 地下鉄霞ケ関駅の出口近くで, 手記集が希望者に配られた. 六百人が列をつくり, 用意した分は

たちまちなくなった． (3月22日)

累加的対象について，日本語では**浮遊数量詞**(floating quantifier)と呼ばれている興味深い現象がある．例えば，(35)の累加的対象とそれに関わる動詞を，目的語-動詞の順に並べ直すと次のようになる．

(38) 一升びん三本を用意した．

ここで，「三本」を「一升びん」の前や格助詞「を」の後に置くこともできる．

(39) a. 三本の一升びんを用意した．
b. 一升びんを三本用意した．

同様なことは他の二つの例についても言える．

(40) a. 地元の(人)百五十人が配された．
b. 百五十人の地元の人が配された．
c. 地元の人が百五十人配された．

(41) a. 希望者六百人が列をつくり
b. 六百人の希望者が列をつくり
c. 希望者が六百人列をつくり

これらの3通りのパターンの意味は必ずしも同じではないので，移動変形のような機械的メカニズムによってこれらを関連付けることには問題があるが，現象的には数量を表わす語句が自由に移動しているように見えるので，「浮遊」という呼名が冠されており，興味をもって研究されてきた．中でも，Miyagawa (1989)，Yatabe (1990)，橋田・郡司 (1992)，Yatabe (1993)，Gunji & Hasida (to appear) などは「浮遊性」を意味役割の観点から論じている．(Miyagawa (1989) の分析は，「対象」という意味役割と 3.2 節 (d) で触れる非対格構文の構造に関する仮説に基づいた統語論的な説明を併用している．)

詳しい分析については文献を参照してもらうとして，一つだけ，この現象の意味論的な性格付けが，累加的対象，ないしそれに類する概念と関係が深いことを指摘しておこう．累加的対象の項を取らないような動詞については，「浮遊」した数量詞は起こりにくい (Gunji & Hasida to appear)．

(42) a. 30 cm の雪が積った．
b. 雪が 30 cm 積った．
c. 30 cm の雪が家を押しつぶした．

d.＊雪が 30 cm 家を押しつぶした．

「積る」という動詞の主語は累加的対象であり，「どのくらい雪が積りましたか」という質問に対して主語の「雪」の量でもって答えることができる．そのため，(42b)のように，「30 cm」を格助詞より後に置くことができる．一方，「押しつぶす」という事象の目的語は累加的対象であるが，主語は累加的対象ではないので(42d)のように主語位置の数量詞を格助詞より後に置くと落ち着きが悪くなる．（この場合，むしろ逆に目的語の「家」と関連付けて，家が 30 cm へこんだというような解釈の方が容易にできそうである．）

浮遊数量詞の存在に意味役割が関与していることは明らかだが，形態的な要素も影響している．累加的対象は目的語(や稀に主語)として表現されるが，目的語でも「を」格以外では数量詞の浮遊はおこりにくいことが知られている．また，「に」が付く主語でも数量詞の浮遊はおこらない．さらに，「を」格ではあるが目的語でない文でも浮遊数量詞がおこり得る．井上(1978, pp. 172–173)には次のような文が挙げられている．(例文の判断は井上(1978)による．(43b)は(43a)や(43c)より相対的によいとされている．)

(43)　a.＊私はこの辞書を少年たちに数人プレゼントした．
　　　b.?加藤さんは旅行に参加する学生に数人電話した．
　　　c.＊子供には数人この文が復唱できる．
　　　d.　私は橋を2つか3つ渡ったと記憶している．

Shibatani (1977)によると，これらは浮遊数量詞の存在が文法関係でなく，格(すなわち「が」格と「を」格)によって決定されることの証拠になるが，井上(1978, p. 173)は次のような反例も同時にあげ，格のみでなく，文法関係や視点の要素を考慮することを主張している．

(44)　私は団体客を泊める宿屋に2, 3軒当ってみた．

(c)　意味役割とコントロール

不定詞句など，形態的に主語が現われてはいないが，意味的には主語に相当するものが存在するような構文がある．このような場合には，「意味上の主語」が文内外に存在して，不定詞句を**コントロール**(control)しているという．

コントロールの中でも，「〜するために」という，目的を表わす不定詞句のコントロールは，文法関係や格などの純粋統語論の道具では説明が困難で，従

来から，意味役割ないしは θ 役割の階層に依存した説明が必要であることが主張されてきた(Jackendoff 1972; Grimshaw 1990). 例えば，Grimshaw (1990, p.8)では，次のような一般的な階層を提案している(ここでは，( )の外側にあるほど階層が高いことを示す).

(45)　(動作主(経験者(目標/源泉/場所(対象))))

これに対して，Nishigauchi (1984) は，目標/源泉/場所 という意味役割の間に次のような細分化した階層性を仮定し，それに基づいて，コントロールをより詳細に説明しようという分析を提案している．(以下では Nishigauchi (1984) の分析をかなり簡略化して二, 三の例文をあげるにとどめる. 詳しくは原論文にあたっていただきたい. 用例を原論文からそのまま引用するために，英語の例文となるが，日本語についても基本的に同様のことが言える.)

(46)　目標 > 場所/源泉

この提案では，目的を表わす不定詞句をコントロールするものは，まず「目標」から選ばれ，そのようなものがなければ，次に「場所」ないしは「源泉」という順にコントロールするものが選ばれるとする.

次の(47a)の to drive という不定詞句をコントロールするのは目的語の Susan であり，(47b)の to read という不定詞句をコントロールするのは主語の John であるというように，文法関係からは一般的な説明ができないが，これは(47a)の Susan も(47b)の John も「目標」であるからだと考えると統一的に説明される (Nishigauchi 1984, p.218). ここで PRO は音形のない，「意味上の主語」を表わし，添字の i によって同一指示の名詞句を示している.

(47)　a.　Bill bought for Susan$_i$ a large flashy car [PRO$_i$ to drive].
　　　b.　John$_i$ received from Susan a book [PRO$_i$ to read].

さらに，「目標」が存在しない次のような文のコントロールを説明するために，(46)に示した階層性に基づいてコントロールするものが決定される(Nishigauchi 1984, pp.219–220).

(48)　a.　John$_i$ owns a car [PRO$_i$ to carry his own belongings in].
　　　b.　They deprived Mary$_i$ of the money [PRO$_i$ to pay her rent with].

(46)のような階層性が存在することは，関係する動詞の意味を考えると納得のいくことである. 例えば，(47a)の buy のような動詞の場合には，買い与えられた人が目的を表わす不定詞句をコントロールするが，実際，買ったものを

所持し，それを使用することになるのは，それを買い与えられた人物なのであるから，その使用目的も，買い与えられた人物，すなわち「目標」が自由に決めることなのである．

しかし，これは，一部に言語外の知識を用いた推論が関係しているので，文脈によっては，上の階層性の予測に反して，「目標」である目的語でなく，「動作主」である主語が buy の目的を表わす不定詞句をコントロールすることもあることが指摘されている (Ladusaw & Dowty 1988, p. 68)．

(49) ［John は最近 Mary の家に入りびたり，泊るたびに Mary の歯ブラシを使うので，Mary が嫌がっている，という文脈で］
So to satisfy Mary, John bought her a second toothbrush to brush his teeth with when he stayed at her house.

この場合，John は Mary のために歯ブラシを買ったのであるが，それは John が自分の歯を磨くためである．

このように，人間の行為，自然界の状況などに立脚した推論などの，より広い概念に立脚した文脈を考慮する必要がある場合はあるものの，目的を表わす不定詞句のコントロールが，意味役割という概念を用いて効果的に説明されることは明らかであろう．

英語の動詞の中には不定詞句を必須の項としてとるものがあり，そのような不定詞句は文中の特定の構成素と義務的に同一指示になっている．このような現象もコントロールの一種である．このような**義務的コントロール**(obligatory control) の説明に意味役割を積極的に用いた例がある（以下では Sag & Pollard (1991)，Pollard & Sag (1994) の定式化を Ladusaw & Dowty (1988)，Dowty (1989) の意味論的な説明を加味した形で紹介する）．動詞が目的語をとらない場合には主語がコントロールすることになるが，目的語をとる場合には目的語がコントロールする場合と主語がコントロールする場合とがある．義務的コントロールを起こす動詞は，動詞によってこの3種のコントロールのどれかの振舞いを示すことになるが，よく見てみると，それぞれの場合で，意味的に共通した性質をもっていることがわかる．すなわち，動詞が記述する事象がどのようなタイプのものであるかがコントロールのタイプに応じて共通しているのである．

(50) a. 約束 (commitment) タイプ (主語がコントロール，他動詞)：

promise, swear, agree, contract, pledge, vow, try, intend, refuse, decline, decide, endeavor, attempt, threaten, undertake, propose, offer, aim, aspire, etc.

b. 指示 (directive) タイプ (目的語がコントロール)：
order, persuade, bid, charge, command, direct, enjoin, allow, permit, instruct, advise, authorize, mandate, convince, impel, induce, influence, inspire, etc.

c. 態度 (attitude) タイプ (主語がコントロール，自動詞)：
want, choose, desire, fancy, wish, ache, hanker, itch, long, need, hope, thirst, yearn, demand, hate, expect, etc.

「約束タイプ」の動詞の主語に見られる意味論的に共通した性質は，何らかの約束・言質を宣言し，それに対して責任を負うという性質である．これらの動詞では主語によるコントロールが起こるが，それは意味論的に当然の帰結であるといえる．不定詞句によって表わされている行為は，一定の約束に対して責任を負う人物によってしか実行できず，また，自分で実行できず，する気もない行為に対しては「コミット」することができないからである．この場合の目的語は全く受身の存在にすぎず，不定詞句によって表わされている行為を自分で実行する立場にない．

このような性質は，伝統的に動作主性の一部として捉えられてきたので，約束タイプの動詞の主語は「動作主」という意味的な役割を担っているとし，このタイプの動詞の場合には「動作主」によるコントロールが起こると言ってもよいであろう．ただし，ここでの「動作主」という言葉は，「約束タイプの動詞の主語によって表わされている個体が担う意味的な役割」ということ以外には何もわかっていないので，約束タイプ以外の動詞に対しても使えること (独立性) は保証されていない．したがって，「動作主によるコントロール」という言い方をするときには注意が必要である．

一方，「指示タイプ」の動詞の目的語は，一定の「指示」が与えられ，それに対する義務を負ったり，それによって許可を得たりする人物である．この人物は不定詞句によって表わされている行為を実行する義務を負っているか，それを実行することを許可されているわけであるから，このタイプの動詞の場合に目的語によるコントロールが起こる (この場合には主語によって表わされて

いる人物は，不定詞句によって表わされている行為を実行する義務もなければ，実行できるとも限らない）．

このタイプの動詞の目的語がもつ意味役割は，伝統的な用語で「目標」と呼ぶことが可能だろう．ただし，先の「動作主」と同様に，ここでの「目標」というのは，「指示タイプの動詞の目的語が表わす個体が担う意味的な役割」ということであり，他のタイプの動詞の項に対しても使える名とは限らないことに注意する必要がある．

第3の「態度タイプ」の動詞の主語は，希望，期待などの一定の「態度」を保持している人間である．これも，意味論的にはその人自身に関する希望，期待などであると考えるのが自然だろう．この場合には目的語が存在しない以上，そもそも，主語によるコントロールしかあり得ないが，主語がコントロールすることは意味的にも自然であると言える．この場合は，伝統的な用語で「経験者」と呼ぶことができるが，前2者の場合と同じような注釈付きである．

以上見てきたように，義務的コントロールは動詞の項がとる意味的な役割に基づいて自然な説明ができることが多い．一つの文の中にコントロールするものと不定詞句とが共存する場合には「文法化」されてしまっていて，意味論というよりは統語論的な機構によってコントロールが起こっているように見えがちだが，統語論では，次のような文すべてに統一的な説明を提供できない(Pollard & Sag 1994, p. 284)．

(51) a. Sandy promised Tracy to leave the party early.
b. Sandy's promise to Tracy to leave the party early caused quite an uproar.
c. The promise by Sandy to leave the party early caused quite an uproar.
d. The promise that Sandy made, to leave the party early, caused quite an uproar.
e. Sandy made Tracy a promise. It was to leave the party early.

この場合に，文法関係を用いた，「主語によるコントロール」とか「目的語によるコントロール」とかの言い方は意味をなさない．一方，伝統的な意味役割の用語を用いた，「動作主によるコントロール」というのも，「動作主」なるものが存在しない文に対しては，意味がない．Dowty (1989)に言うところの

3.2 意味役割

"remote control" の，(51e)のような場合は，文境界を越えたコントロールであるために，統語論による説明はほとんど破綻する．これらをすべて一般的に説明するのが，「約束を宣言する人物によるコントロール」という意味論的な考え方である．

いわゆる義務的コントロールが，実は元来意味論的な現象が文法化されたものであるということは，動詞の意味などによって，通常とは異なるコントロールが起こることからも見ることができる．例えば，通常，主語によるコントロールが起こる promise の場合も，文脈によっては，一見，目的語によるコントロールが起こっているように見えることがある (Pollard & Sag 1994, p. 308)．

(52) Grandma promised the children to be able to stay up for the late show.

これは，実は，意味論的には，依然として約束をする人物(Grandma)によるコントロールなのであるが，その「コミット」の仕方が異なるのである．このような場合，不定詞句が状態を表わし，行為でないために，通常の promise の解釈のままでは文の意味がとれない．そこで，**強制**(coercion)が起き，不定詞句が使役の意味をもつものとして解釈しなおされる．したがって，上の文では，お祖母さんが約束したのは，「遅くまで起きていられる」ということではなくて，(お母さんに頼むなどして)「遅くまで起きていられるようにする」ということなのである．

このような強制は，一般に，通常の意味解釈が困難になるときに導入される運用論的な機構であると考えられる．例えば，状態性の述語を命令文にした場合がその別の例である (Pollard & Sag 1994, p. 310)．

(53) a. Be optimistic!
b. Be careful!

同様に，よく知られている，to be allowed を含む不定詞句や状態性の不定詞句を含む文で，通常と異なるコントロールが起こることも意味的に説明できる (Pollard & Sag 1994, p. 308)．

(54) a. Kim promised Sandy to be allowed to attend the party.
b. Montana was promised by the doctor to be healthy by game time on Sunday.

これらも，意味的には，約束されたのは「許されるようにする」ということで

あり，そのようなことをコントロール（非言語的な意味で）できるのは Kim や the doctor である．

このような通常とは異なるコントロールは，ask のような，通常，目的語によるコントロールが起こる動詞についても起こり得る．

(55) a. Johnny asked his mother to go to the movies.
b. Johnny's mother was asked to go to the movies.

もちろん，映画に行くのは Johnny であるが，Johnny が母親に頼んだのは「映画に行くこと」ではなく，「映画に行けるようにする」こと，すなわち，「映画に行ってもよいという許可」である．

極端な場合には，convince に対する主語によるコントロールの例として，Ladusaw & Dowty (1988, p. 72) による次のような文がある．

(56) ［囚人の John は早期保釈が可能かどうか今日審査される．今までの行動記録からすると，その可能性は薄いのだが，という文脈で］
However, he made such a favorable impression in his interview that he finally convinced the parole board to be allowed to take an early parole after all.

以上，統語論的な説明がなされることの多い義務的コントロールにおいても，意味論的な説明が有効であることを見た．そして，その際に有効であったのは，「約束する人（あるいは動作主）」「指示される人（あるいは目標）」「態度をもつ人（あるいは経験者）」というような，ある程度の独立性と自然性をもった意味役割であることが明らかになった．

(d) 意味役割と文法関係

一定の意味役割をもつ項が様々な文法関係や語順といったものにどのように関係付けられるかという問題を**リンキング**(linking) の問題と言う．この問題について，言語に普遍的な仮説として関係文法で提案された「普遍的配列仮説」がある (Rosen 1984; Perlmutter & Postal 1984)．

(57) **普遍的配列仮説**(Universal Alignment Hypothesis)
普遍文法の中には，文の意味から文の中の名詞句が担う文法関係を予測できる原理がある．

Fillmore の格文法 (Fillmore 1968) では，基底構造において順序付けられて

いない，「深層格」(意味役割)のみを与えられた項を表層構造において適切に配置するための変形規則が仮定されていた．例えば，「主語化」という規則では「動作主」「道具」「対象」の順に主語の候補になるとされている．しかし，Fillmore (1977) が認めるように，このような規則は，個別言語に依存する部分と普遍的な部分とが分離せずにまぜこぜになったものだった．

確かに，多くの言語において，「動作主」が主語になり，「対象」が目的語になるという傾向は見られるが，世界の言語を調べていくと，事情はそう単純でないことがわかる．その結果，Perlmutter (1978) は「非対格仮説」を提案した．

(58) **非対格仮説**(Unaccusative Hypothesis)
自動詞の中には，他動詞の目的語が動詞に対してもつのと同じ関係をもつ唯一の項をもつものが存在する．

3.1 節で述べたように，関係文法は複層の理論なので，Perlmutter (1978) の非対格仮説のもとの形は，初期層において，他動詞の主語が動詞に対してもつ関係を 1-arc，目的語が動詞に対してもつ関係を 2-arc と呼び，両方の arc をもつ他動詞，1-arc しかもたない自動詞(非能格(unergative)自動詞)の存在に加えて，2-arc しかもたない自動詞が存在することを仮説として述べたものであった．このような自動詞の唯一の項がそのまま目的語として表層に表われる場合を**表層非対格**(surface unaccusative)，表層では主語として表われる場合を**深層非対格**(deep unaccusative) と呼ぶ (Levin & Rappaport Hovav 1995)．

非対格仮説は，複層の理論では初期層と表層との間の文法関係の変更ととらえるので，深層非対格の場合は目的語から主語への**非対格昇格**(unaccusative advancement)があることになる．同様に，変形文法のような複数の構造を扱う理論では，深層の構造と表層の構造との間の構造的な位置の変更ととらえることになり，この両者ともに，意味役割との関係を明示的に述べていないが，関係文法の普遍的配列仮説とならべると，非対格，非能格の区別に意味的な基準が係わっていることは疑いない (Levin & Rappaport Hovav (1995, p.4) 参照)．

もちろん，構造と意味役割のどちらかだけを考えなくてはいけないわけではなく，その両方を考慮した考え方もある．例えば，動詞の項を**外項**(external argument) と**内項**(internal argument) とにわける考え方(第 3 巻第 1 章参照)では，他動詞は外項と内項をもち，非対格自動詞は内項のみをもち外項をもたず，

非対格仮説と句構造

非対格仮説は，関係文法の枠組の中で，世界の言語の類型論的な観点から提案された仮説だが，これを階層的な句構造と結び付けようという考え方がBurzio (1986) などによって出されている．これによると，非対格自動詞は深層の構造において，動詞の目的語の位置に名詞句をもち，これが表層では主語となるのに対し，非能格自動詞は深層の構造においても目的語をもたず，通常の主語の位置(動詞句ないし屈折辞句の指定部の位置)に名詞句をもつ．例えば，影山(1993, p.46)は，非対格仮説の解説の中で，日本語の「折る」(他動詞)，「折れる」(非対格自動詞)，「あばれる」(非能格自動詞)に対して次のような表示を例として与えている．(中央の構造においては格助詞のない「木の枝」が NP_1 の位置に移動した後に「ガ」格を与えられるとしている.)

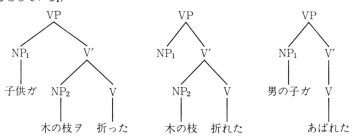

非能格自動詞は外項のみをもち内項をもたないという性格付けができる．この考え方に立って，Grimshaw (1990)は意味役割のラベルを付けた項構造として次のような表示を提示している．ここで，内側の括弧の中にあるものは内項であり，その外側にあるものは外項である．

(59) a. *Transitive agentive*

    (x   (y))

    Agent   Theme

b. *Unergative*

    (x)

    Agent

c. *Unaccusative*

    ((x))

    Theme

また，LFGやHPSGのような単層の理論では，昇格や移動がないために，そ

れらのリンキングの理論(Bresnan & Kanerva 1989; Bresnan & Zaenen 1990; Davis 1996)では語彙のレベルで非対格性を記述することになる．意味的には，非対格動詞は，「動作主」の項をもたず，その唯一の項が「対象」(あるいは，Dowty (1991)の意味での proto-patient 性が強い項)であるものであり，深層非対格動詞では，その項が主語として実現されるのである．

日本語でも，先の例の(14)における「伝わる」「出る」などがこのような自動詞の例とされる．すべての動詞は，他動詞，非対格自動詞，非能格自動詞の3通りに分類されるわけだから，これらの項のとる文法関係は次のようなパターンになる．

(60) a. 他動詞：主語と目的語をもつ．典型的には「動作主」が主語となり「対象」が目的語となる．
 b. 非能格自動詞：唯一の項(典型的には「動作主」)が主語となる．
 c. 非対格自動詞：唯一の項(典型的には「対象」)が主語となる．

3.3 統語構造と下位範疇化

以上見てきた，文法関係，格，意味役割などは，いずれも，動詞などの述語から見た項(補語)の性質は固定しているという考え方から利用されてきた概念である．すなわち，各々の述語は，あらかじめ決まった一定の文法関係・格・意味役割などをもつ一組の補語とのみ組み合わされるということになる．

動詞が結び付く項の数と種類が決まっているという考え方は伝統的にある考え方である．例えば，自動詞(intransitive verb)と他動詞(transitive verb)との区別は，義務的な項の数が一つ(主語のみ)であるか，二つ以上(主語と少なくとも一つの目的語)であるかという区別であるし，英語の ditransitive verb という言い方は，さらに，目的語が二つあるような動詞に対して用いられる．これは，句の中の中心となる要素(動詞，形容詞など)がとる項の数と種類によって範疇を下位分類していくという考え方であるので，**下位範疇化**(subcategorization)と呼ばれる．また，中心となる要素(head)がこれらの項を**下位範疇化する**(subcategorize for)とも言う．

下位範疇化によって様々な品詞を分類していくことができる．文と名詞句を基準にすると，自動詞は名詞句を項としてとって文を作るものであるし，他動

詞は二つの名詞句を項としてとって文を作るものであるということができる．あるいは，他動詞は名詞句を一つとって自動詞相当の範疇を作るものであるということもできる．形容詞はこの観点からは動詞と区別されず，下位範疇化に関して，「美しい」のような形容詞は自動詞と同じように振舞い，「欲しい」のような形容詞は他動詞と同じように振舞うことになる．

　このような考え方を発展させていくと，非常に少数の基本的な範疇だけを仮定すれば，あらゆる範疇を記述することができるので，論理学者などの好むところとなり，一つの文法理論として**範疇文法**(categorial grammar)というものが成立した(Ajdukiewicz 1935)．もっとも，動詞と形容詞を同じ範疇にしてしまうということは，形態論を無視した考え方であるとも言えるので，長い間，言語学者が真剣に取り上げることはなかった．しかし，第4巻第2章に説明のあるモンタギュー意味論において，その統語論として範疇文法が使われたことから，しだいに言語学者によっても注目されるようになった．今日では，範疇文法は，一つの確立された文法理論として，言語学者，計算言語学者などによって，活発に研究がなされている(例えば，Oehrle et al. (1988)，Morrill (1994)，Steedman (1996)参照)．

　範疇文法では，例えば，範疇として，文(S)と名詞句(NP)と名詞(N)だけを用意すれば，それらの組み合わせで，他の範疇を表わすことができる．自動詞および動詞句は(主語の)名詞句をもらって文を作るものであるから，これを数学の分数のように，S/NPと書く．すなわち，もらう範疇を分母に，その結果できる範疇を分子に書く．分母・分子がさらにこのような形の複雑な範疇であってもよい．他動詞は(目的語の)名詞句をもらって動詞句を作るものであるから，(S/NP)/NPである．修飾語を作る範疇も，それが修飾するものによって，形容詞は名詞から名詞を作るからN/Nであり，副詞は動詞(句)から動詞(句)を作るから，文副詞ならばS/S，動詞句副詞ならば(S/NP)/(S/NP)のようになる．(組み合わせるものが左に位置するのか右に位置するのかを表示しわける形式化もある．例えば，Morrill (1994)では，英語の他動詞は，目的語を右から，主語を左からとるので，(NP\S)/NPのように表わされる．紛らわしいことに，Steedman (1996)では，同じ範疇を(S\NP)/NPのように書く．)

　これによると，範疇そのものが文を構成するのに必要な情報を(その名前の一部として)もっているので，句構造規則のような文法規則は不要になる．例

えば，動詞句は S/NP という範疇なので，名詞句と組み合わさって文を作ることが自動的に決まる．組み合わせるものの左右の位置を斜線の向きで示すことにすれば，文脈自由の句構造規則と全く同じ表現能力をもつことになる．

下位範疇化は，生成文法においても，初期の段階から，**厳密下位範疇化**(strict subcategorization)という形で，語彙項目を挿入して深層構造を作る場合の条件の一つとされていた(Chomsky 1965)．また，下位範疇化の考え方をうまく活かせば，変形規則によらずとも記述的妥当性(第1巻第4章参照)を満たした文法が書けることを指摘した Harman (1963) のような立場もあったが，1970年代までの生成文法では変形規則を駆使する分析が支配的であった．

1970年代末になって，下位範疇化に再び注目したのが，G. Gazdar によって提案された**一般化句構造文法**(Generalized Phrase Structure Grammar, GPSG)である(Gazdar 1981; Gazdar et al. 1985)．この理論では，変形を一切使わずに，文脈自由文法[†](第8巻第1章参照)の範囲に納まる句構造文法で自然言語の文法が書けることを主張した．しかし，単純な句構造文法において，観察的妥当性を増そうとすると，句構造規則や必要とされる範疇の数が多くなり，記述的妥当性に欠けることになる(郡司(1994)参照)．そこで，GPSG では，動詞句を作る規則などを，その中心となる要素(head)がどのような下位範疇化特性をもっているかを明示的に示すことによって範疇の数を減らし整理したのである．

例えば，Gazdar et al. (1985) には英語の動詞句の規則として22個の規則が設定されているが，その個々の規則の中で中心となる動詞には1から22までの下位範疇化素性の値が割り当てられている．下位範疇化素性の値が1の動詞は自動詞，2は名詞句の目的語を一つとる他動詞，3は名詞句と to で始まる前置詞句をとる他動詞，4は名詞句と for で始まる前置詞句をとる他動詞，5は二つの名詞句をとる他動詞という具合である．

GPSG の句構造規則は，下位範疇化された範疇の数だけのものが互いに独立に設定されることになる．しかし，動詞句の規則が22個あるのは，動詞の種類が22種類あることの反映でしかなく，また，動詞がどのような下位範疇化素性をもっているかがわかれば，それが現われる句構造規則は一つしかないのだから，下位範疇化素性と句構造規則との間には情報の冗長性があることになる．

このことを指摘し，範疇文法の考え方をとり入れて，Head Grammar (HG)

> **GPSG から HPSG へ**
>
> GPSG は 1985 年に英語の統語論と意味論についての包括的な研究が出版されたが，その後は研究者の多くが Pollard の HG の流れを汲む HPSG に移行した．1985 年の本はその著者たちの頭文字をとって，GKPS と呼ばれるが，このうち，S の I. Sag は Pollard と共著で，1987 年に HPSG の概説書(Pollard & Sag 1987)を出し，後に，英語を中心として様々な言語をより詳しい形で分析した，HPSG の包括的な解説書(Pollard & Sag 1994)を出版した．ちなみに，GPSG の最初の G は Gazdar の頭文字ではなく，HPSG の最初の 2 文字は，当時の研究の中心地であった Hewlett-Packard 研究所の頭文字ではない．HPSG の H は Head-driven の頭文字であり，句の中心となる要素(head)ということから来ているが，一説に G の後を継ぐものであるとも言われた．研究者の流れを見ると，実際そうであるのかもしれない．

という，GPSG の修正を提案したのが C. J. Pollard である (Pollard 1984)．HG では，下位範疇化素性の値が，単なる数値ではなく，句構造規則において現われる項(主語を含む)のリストとなっている．例えば，自動詞は主語のみを下位範疇化するので，下位範疇化素性の値は⟨NP⟩となる．同様に，名詞句の目的語を二つとる他動詞は⟨NP, NP⟩，名詞句と to で始まる前置詞句をとる他動詞は⟨NP, PP[to]⟩という具合である．

こうすると，個々の語彙項目がもっている情報を参照するだけで，その単語がどのような句を作るのかがわかるので，句構造規則の大部分は不要になる．後に主辞駆動句構造文法(HPSG)という形に体系化された文法(Pollard & Sag 1987, 1994)では，動詞句を作るのに必要な句構造規則の原型(スキーマ)は一つだけであり，それは句の中心となる要素が，その下位範疇化素性の指定に従って，必要なだけの数と種類の項をとるというものである．さらに，この原型は，動詞のみでなく，あらゆる項をとる句に対して用いることができる．

下位範疇化の情報が単なる数字でなく，それと結び付く項のリストになっていることの利点は他にもある．リストの中の要素には相対的な順序が定まっているので，その情報も重要な語彙情報と考えることができる．実際，HPSG では下位範疇化されるものを斜格性の高さにしたがって並べており，3.1 節 (e) で述べたように，文法関係の階層性に依存する様々な現象の制約を下位範疇化

素性の値に即して述べることができるようになっている．(ただし，日本語に対して，このような相対的な順序の情報は不要であるとして，下位範疇化素性の値を順序のない集合とした形式化もある(Gunji 1987)．)

このように，下位範疇化というのは動詞などが担っている重要な語彙情報であり，突き詰めていくと，このような語彙情報が十分に豊富であれば，文の構造に関する基本的な情報はほとんど得られるということになる．HPSGはこのような立場を強く打ち出している文法理論であり，このような文法を**語彙主義** (lexicalism)の立場に立つ文法という．

語彙主義の立場に立つと，**辞書**(lexicon)は，互いに関係付けられていない単語の単なるリストではなく，それ自体が豊富な情報をもっている重要な文法の一部門であるということになる．この逆の立場が，一般的なことはできるだけ統語規則や統語構造で説明し，辞書は例外的な特異性(idiosyncrasy)を記載したものにすぎない，という立場である．確かに個々の語彙情報には特異性のように見えるものも多いが，強制(coercion)という考え方などを積極的に使って，語彙情報の体系化を計ろうという研究もある(Pustejovsky 1995)．

LFGのf-構造やHPSGの語彙記述の様式として用いられている**素性構造** (feature structure)は，素性名と素性値との対を1行ずつ書いて並べた行列の形をしているので，attribute-value matrix (AVM) とも呼ばれている((61), (62)参照)．AVMの特徴は，行の間の順序に意味がないことで，情報を，その位置によってではなく，そのラベルによって索引付けた形式であると言える．また，AVMの素性値自体が再帰的にAVMの形になっていてもよいので，複雑な階層性を表わすことができる．HPSGのDAUGHTERSという素性を使えば，生成文法で一般に用いられている構文木の支配関係も表わすことができるが，補語の間の一次元的順序を捨象した形の表示ができるので，階層性と語順の情報は分離して表示すべきであるという，GPSG以来の提案もうまく表現できる．

例として，「健が奈緒美を見る」という文の記述をLFGとHPSGによって表現してみると，その主要な部分はおおむね次のようになる．(LFGのc-構造で動詞句(VP)を立てるかどうかはあまり重要な問題でないように思えるが，ここでは，Ishikawa (1985)にしたがってVPのないc-構造を仮定しておく．HPSGのDUAGHTERSによって表わされている構造では「奈緒美を見る」に対応するVPが設定されている．なお，HPSGの素性構造の表記では，以下の省略が

なされている: PHONOLOGY → PHON; LOCAL → LOC; CATEGORY → CAT; CONTENT → CONT; DAUGHTER(S) → DTR(S).)

(61) LFG:

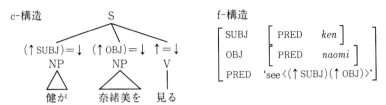

(62) HPSG:

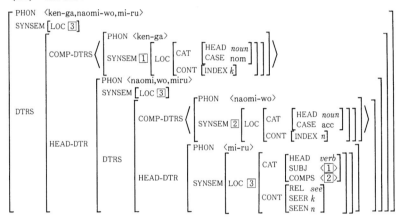

LFGの↑は，同じ構造の中のその素性名の素性の値を参照していることを示し，また，HPSGの[1]などの記号は，同じ番号の位置が複数の素性構造によって共有されていることを示している．どちらも，この場合は統語的情報と意味的情報の**共有**(sharing)を表現しており，一致や格などの情報も同じような形で共有されていることを表現できる．変形を用いる文法ではこれに対応したメカニズムを**移動**(movement)および移動後の**痕跡**(trace)の束縛によって表現している(第6巻参照).

LFGでは，上に示したように，構成素間の階層関係や一次元的順序を表わしたc-構造を用いるが，HPSGでは，上の素性構造のPHON素性の値(音韻情報)として一次元的順序の情報が記述され，DAUGHTERS素性の値として階層関係が記述される．一方，LFGのf-構造やHPSGのSYNSEM素性の値は，階

層的・一次元的関係以外の，統語・意味に関係する情報であり，大雑把に言って，1980年代以降の変形を用いる文法理論のLF(論理形式)に対応すると言えるだろう．もちろん，このような二面性は，どのような言語の理論でも記述する必要がある情報であり，F. de Saussure の **シニフィアン**†(signifiant)と**シニフィエ**†(signifié)の2分法(Saussure 1916)以来の，言語の音と意味という側面を捉えようとしているわけである．

これらの素性構造の詳細は文献(Bresnan 1982a; Pollard & Sag 1994; 郡司 1994)に拠っていただきたいが，LFGのf-構造のPREDおよび，HPSGのCONT(ENT)は意味情報であり，どちらも，seeという関係が主語と情報を共有する項と目的語と情報を共有する項との間に成り立っていることを表わしていることに注意されたい．このように，統語情報と意味情報とは情報を部分的に共有しており，そのことが，このような表示形式では，動詞の下位範疇化情報(LFGのSUBJ素性とOBJ素性，HPSGのSUBJ素性とCOMPS素性)を媒介にして統一的に表わされているのである．

第3章のまとめ

3.1 文の中の中心的な要素である動詞などの述語とその項(補語)との依存関係には様々なものがあり，文の構成を決めるのに階層的な構造と合わせて重要な役割を担っている．

3.2 主語，目的語などの文法関係は独自の概念であり，格助詞，語順，意味などの構造的概念によって二次的に規定することはできない．

3.3 構造的概念でなく文法関係を基礎にした文法理論も存在する．また，構造に基礎を置く文法理論においても文法関係は重要な役割を果たしている．

3.4 文法関係の間には斜格性に基づく階層があり，受動化，再帰化，敬語，関係節化などの振舞いが統一的に説明される．

3.5 意味役割の種類・数などには不定性があるものの，プロトタイプとして捉えると，浮遊数量詞，コントロール現象の説明などに有効な概念として使える．

3.6 特に，コントロール現象には意味役割の階層性や意味役割に基づく動詞のクラス分けが関与していると考えられる．

3.7 意味役割と文法関係との間には密接な関係があるが，非対格動詞のように，一見その対応がずれているようなものもある．

3.8 動詞とその項との関係は下位範疇化の情報として動詞がもっていると考えられ，そのような情報を基本においた文法理論も提案されている．

4
国 文 法

4 国文法

【本章の課題】

　国文法というと，ともすれば学校文法や古典解釈専用の，古色蒼然とした文法と思われがちである．事実そういう面もあるが，国文法の最も優れた部分は，個別言語学としては世界的に見てもきわめて高い水準に達しており，今でもその価値を失っていない．

　本章では，国文法を，松下大三郎，山田孝雄，橋本進吉，時枝誠記に代表される文法理論と仮に規定し，その特徴と問題点について検討していく．まず，日本語研究の流れを概括したあと，国文法の中核をなす理論としての「八衢流(やちまた)」動詞活用論について考察する．次に，統語分析の理論として，橋本進吉，松下大三郎，時枝誠記，渡辺実，北原保雄の理論をとりあげ，日本語における形態と論理の統合という問題について考える．

　最後に，山田孝雄の文法理論とその後継者の研究についてとりあげ，係り結びの本質や「判断」という面から見た文の構造について考察する．

4.1 「国文法」は必要か

　最初に断っておきたいが，筆者は現在の日本に「国文法」と呼んで他の文法研究の立場から区別しなければならないような特殊な研究領域，あるいは研究態度が，学問の内在的な理由によって存在するとは考えていない．筆者にとっては，単に「(日本語の)文法研究」が存在するだけで，そこには「国語学」も「日本語学」も「言語学」もないのである．したがって，以後本稿におけるこの名称は本稿内部での仮の定義に基づいた，あくまでカッコ付きの「国語学」であり，「国文法」であるにとどまる．

　しかしながら，一方で「国文法」ないし「国語学」的な文法研究というものが，例えば「言語学」や「日本語学」とは異なる独特のスタイルを持った研究として存在するような，ある種の社会的な共通認識が学界内外に存在することも，また事実であるように思われる．それは，かつて「国語」という概念を支えてきた国家主義的イデオロギーを差し引いてもなお，存在するようである．それはいったい何なのか．

　我々が「国文法」の名称で想起するのは，まず「学校文法」であろう．そして多少なりとも日本語の文法について専門的な知識を有する者なら，山田孝雄(よしお)，松下大三郎，橋本進吉，時枝誠記(ときえだもとき)らの文法学説をイメージするかもしれない．周知のように，学校文法は橋本進吉の文法学説に基づいて作られている．したがって，さしあたり本稿における仮想的「国文法」は，上記四大文法家を代表とする文法学説およびその影響下での文法研究と定義してよさそうである．これら大文法家の文法学説に共通する特徴を挙げるなら，次のようなことになろうか．

(i)　近世の国学における，本居宣長(もとおりのりなが)・春庭(はるにわ)親子や富士谷成章(ふじたになりあきら)らの「てにをは」研究の伝統を受け継いでいる．どの学者の説を，どの程度深く採り入れているかはまちまちであるが，中でも本居春庭流の動詞活用論は等しく共有しているといえるであろう．

(ii)　古典語，古代語が主たる研究対象であり，現代語であっても規範的な文章語が中心である(この点，松下大三郎は他の三者とは異なって，重心の置き方がかなり現代語・口語寄りである)．

(iii) 西洋の文法学説，科学思想，哲学などを摂取しながらも，それぞれの仕方で日本語の実状に合うように解釈しなおされている．

先の四大文法家に限らず，上記の特徴を共有する文法学者は，等しく「国文法」研究者と言ってよいであろう．

まず(i)については，江戸時代の「てにをは」研究すなわち古典文法研究は後に述べるように，世界に誇れるだけの学問的完成度をすでに達成していたので，これを継承したことは賢明であったといわねばならない．

また(i)と(ii)は密接に関連している．明治以降の国家主義的政策の中で，近代国家として西洋列強と肩を並べるためには，誇るべき国の宝としての文学と，それに基づく完成された規範的な文法が整備されていなければならなかった．したがって国語研究は何よりも古典研究へと向かったのである．古典に重きを置くという点で，江戸時代の国学者と研究の動機が一致していたわけである．また第二次世界大戦までは，小説やごく私的な手紙を除いて実用的な「文」は文語文で書かれなければならなかったので，文語文法を習得することに実用的な価値もあった．

(iii)の持つ意味合いについては，個々の学説を検討する箇所で再考する．

以上のような特徴を共有する「国文法」は，日本のアカデミズムの中で一定の安定を見，それと引換えに固定化・保守化の弊害も蒙ったと言えそうである．「国語学」の研究者は大学において，たいてい「国文学科」の中に存在するか，または国文学と併置された形で存在している．「国語学者」のうちの文法の専門家の多くは，理論的にはほぼ大文法家の学説を墨守しながら，その枠内で古典資料の記述的研究に没頭している．後述するように大文法家の学説を批判的に継承し，発展に努めている研究者もいるのだが，彼らは少数派に属すると言ってよい．

また学校文法の普及も「国文法」の固定化に大きな役割を果たしている．学校文法に基づく古典解釈のメソッドが確立された結果，文法は完全に暗記の学問となってしまった．古典ではまだ学校文法が実効的に働くからいいのであるが，学校文法の現代語文法は実は古典文法を導入するために仮構された悪しき折衷と妥協の産物であり，辞書の品詞分類以外にはほとんど役に立たない．このような文法が無批判に学校の現場で教えられた結果，文法嫌いの学生が量産されてしまった．そのような学生の一部は後に教師になるが，文法嫌いの教師

によってますます学生が文法嫌いになっていくのである．

このような状況のもと，「国文学」の学問としての生産性が著しく低下してしまった一方で，戦後，新しい日本語研究の流れがいくつか起こった．

一つは，奥田靖雄をリーダーとする「言語学研究会」のグループである．彼らは，ヨーロッパ，とりわけロシアの構造主義的言語学を積極的に摂取しながら日本語に適用する仕事を 1950 年代から行っている．彼らの作業の最大の目的の一つに新しい学校文法の確立があり，そのために官製の学校文法に対して熱心に批判を加えながら，独自の教科書を作って実践も行っている．彼らは学校文法の擁護者としての「国語学者」を攻撃してやまないが，その分，「国文法」ないし「国語学」への思い入れは逆に深いものがあると言えよう．彼らの主張の一端については後述する．

今，日本語の文法研究において，(数の上で)主流を占めつつあるのは，寺村秀夫の影響を直接・間接に受けた研究者による現代日本語の記述文法である．寺村の文法理論の特徴をあげれば，次のようになろう．

(i) アメリカ構造主義言語学，特に S. Martin, B. Bloch などの日本語の記述文法に直接の影響を受け，初期の生成文法や C. J. Fillmore の格文法などをも採り入れている．日本の研究者としては松下大三郎，佐久間鼎，三上章から多くのものを受け取っている．学校文法，山田・時枝その他の国文法の理論には部分的に言及するだけで，活用論を含め近世国学の影響はほとんどない．

(ii) 日本語教育と関連が深い(寺村自身，一時期日本語教育をしていた)．そのため，現代日本語(標準語)の細部にわたる具体的な記述を重んじ，理論的考察は背景的にしか扱わなかった．

寺村は教育者として優れた資質を持っていたので，彼が教鞭をとった大阪外国語大学，筑波大学，大阪大学で優秀な研究者が育った．また上に述べたように日本語教育との結びつきが深かったので，彼の教え子や，またその教え子がたくさん日本語教師になった．日本語教育ブームの時流がうまく重なって，寺村の影響を受けた研究者は日本語研究者の中で一大勢力になりつつある．そのような研究者たちを本稿の中で仮に「新記述派」と呼んでおこう．彼らの共有知識としては，寺村のほかに，三上章，南不二男，仁田義雄，益岡隆志，久野暲らの研究がある．

新記述派が「国文法」，とりわけ学校文法を軽視するのは，何よりもまずそれが日本語教育に直接的には役に立たないからである．例えば動詞の活用表をとってみても，日本語学習者にとって「書きます」と「書いた」を「連用形」でくくることには何の利点もないのである．

　一方で，寺村らの国語学の伝統に縛られない研究態度が，学校文法に不信を抱いていた多くの若い研究者を魅了した，という点も大きかったであろう．ただし三上にしても寺村にしても，伝統的な研究を十分消化した上でそれをいわばカッコにくくっていたわけであるが，若い研究者にはその部分が十分伝わっていなかったかもしれない．

　生成文法や認知言語学など欧米の言語理論に直接依拠し，それを日本語にも適用しようとする「言語学」研究者もまた，日本語を研究する新たな層として数えられる．この層の主な供給源は日本の「英文科」であり，留学して欧米の大学で学位を取得することを一つの理想とする．しかし残念なことに，そのような人たちは日本語に関する基礎的な訓練がほとんどないまま欧米の最新の理論的研究に立ち向かわなければならず，その結果，理論を安直に日本語に適用しようとして，日本語の事実を正しく捉えていないばかりでなく，理論の発展にも当然ながらほとんど寄与しないというような論文が生産されるという場合もまま見られるようである．この人たちが読むのは狭い範囲の外国語（主に英語）の文献だけで，日本語で書かれた論文は新旧を問わず顧みられることが少ない．

　さらに，現状では自然言語の機械処理にかかわる工学系の研究者もまた無視できない勢力になりつつある．工学者にとっても「国文法」はあまり役に立たないと見られる傾向がある．それは，「国文法」の理論やデータが網羅的でなく，もともと機械処理に適していないという面もむろんあるが，有用な論考であっても，読み手の知識不足のために見過ごされるケースが少なからずある．

　このように，日本語教育者，言語学者，工学者らにとって「国文法」は魅力のない，過去の遺物として取り扱われる傾向がある．それは「国文法」の側にももちろん原因があるのであるが，本当に「国文法」は過去の遺物なのであろうか．日本語教育にも，最新の言語理論にも，工学的応用にも縁のない，非科学的な学問なのであろうか．筆者の見るところ，それは大いに誤りであると思われる．大文法学者やその後継者たちの論文には，日本語の歴史を踏まえた膨

大な知識を前提とする日本語に対する深い洞察が込められている．にもかかわらず，同じ日本語を研究する多くの人々から，これらの業績が消化されないまま等閑視されるというのは，きわめて不幸な状況と言わざるを得ない．

　江戸時代の国学から明治〜昭和の大文法学者，そしてその後継者へと続く「国文法」研究の流れは，確かに各時代の制約ゆえの限界を持っている．また研究対象も古代語に偏り，たとえ現代語を対象としていても，具体的な記述に乏しく，ともすれば思弁的な方向に流れがちであるとする批判もある程度当たっている．しかし，これらの研究は日本語(場合によっては自然言語)の最も基本的な問題点に一旦はそれぞれの仕方で確実に到達しているのであり，それらを読み直す作業は，どのような立場の研究者にとっても，一見迂遠であるかに見えて，実は最も自分自身の問題を捉え直す近道なのである．

　むろん，「国文法」の各学説がすべて直線的な流れに位置づけられるわけではなく，むしろ鋭い対立や揺れがその内部に観察されるのであるが，そのような対立・揺れ幅こそ大切である．それはいまだどのような立場の研究によっても解消されていない，日本語にとって最も本質的な問題群を浮かび上がらせているのである．

　以後の節では，まず日本語研究の歴史を簡単に概括した後に，江戸時代に本居春庭によって完成された動詞活用の研究を採りあげる．次に統語論に焦点をあて，橋本進吉，時枝誠記，松下大三郎および彼らの後継者による研究を見ていく．最後に，文成立論あるいは文の意味論として山田孝雄および彼の後継者の研究について検討する．

4.2　日本語文法研究の流れ

(a)　古代・中世

　古代において，書記言語として輸入した中国語や，仏典に現れる梵語(古代サンスクリット語)と日本語との差異が一部の日本人の注意を引き，日本語研究の萌芽的段階とでもいうべき作品が現れたが，近代的な意味での「研究」にはやはり至らなかった(徳川 1989)．しかし，後に現代でいうところの「助詞」「助動詞」，すなわち文法的な機能を担う要素の総称としての「てにをは」ある

いは「てには」という名称が，漢文を訓読するために日本人が付した補助記号である"ヲコト点"に起源を持つことは注意していい．ヲコト点は平安時代に考案されたもので，例えば「読書」という漢文の文字面を「書を読みて」と読み下すために，漢文に欠けている助詞「を」「て」を，「読 書」のように，漢字の周囲や内部に点を付すことによって示そうとするものである．ここで，点の位置と助詞とが一対一対応をなしており，その位置関係はヲコト点を創始し，伝えた仏教の宗派・学統や儒家の家柄などによってかなりの程度決まっているのである（中田1954；築島1964）．その中で特によく用いられた第五群点（中田祝夫の命名による）の点の配置が「てにをは」「てには」の語源となった．

(1)

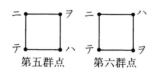

第五群点　　第六群点

ヲコト点は，中国語と日本語の文法的形態の差分を抽出したものであるということができるが，その文法的機能を担う成分への着目は，中世の「てにをは秘伝書」によっていっそう意識化されたものとなる．

　古くから日本では和歌を詠むことが教養層の嗜みとして尊ばれてきた．和歌のスタイルが平安時代に完成されたので，後世まで，文法・語彙を含めて和歌の規範は平安時代に求められた．ところが中世以降，平安時代の文法体系が崩れていく中で，正しい和歌を詠むために文法的・修辞的な規範が定式化される必要が生じてきた．そのような要請により，和歌を家の芸とする平安貴族の末裔の手で「てにをは秘伝書」と総称されるような文法・修辞に関する書物が生み出され，伝えられたのである．"秘伝"というのは中世の学芸・芸能・宗教一般に見られる情報伝達の典型的なスタイルで，最も重要な情報は言葉によっては伝えられないという思想に基づき，斯道の奥義が親から子へ，師から弟子へと秘密裡に，口伝えによって伝授されることを言う．秘伝書は伝授の際に与えられるメモとしての意味を持つので，写本に限られる．

　「てにをは秘伝書」における最も重要な関心事は，いわゆる「係り結び」に代表される，語中要素と語尾との呼応現象であった．というのも，日本語の活用体系の変化とともに，係り結び現象は中世に急速に衰弱していったからであ

る．

　ここで，まず文法研究の動機が「和歌を詠む」という実用に発しており，規範をめざすものであり，書記言語を対象とするものであった，という点に注目しておこう．洋の東西を問わず，文法研究の出発点は実用文法，規範文法，文語文法であったということである．この特徴はその後長く日本語の文法研究に影を落とす．

(b) 国学の開花

　中世の権威主義，神秘主義的な学芸の風潮に反して，江戸時代には実証的な古典学が発生した．これは国民思想の理想を直接古代に求めようとする復古主義的思潮に根ざした文化運動であったと見ることができる．近代国語研究の祖と言われる契沖の仮名遣い研究もその一つである．すなわち，中世以来文芸の世界で権威を持っていたいわゆる「定家仮名遣い」を否定し，直接，古典の古写本から用例を採取，帰納することによって後世に言う「歴史的仮名遣い」を建設したのである．結果的に契沖の仮名遣いは古代の音韻体系の復元を行ったわけであるが，契沖自身は表記を直接古典に学ぶことが古代の精神に直接触れる手段であると信じるところから出発したのである．

　動機はともあれ，このような実証的な国語研究は互いに連関し合いながら，高度に実証的な古典語研究を可能にしていった．その結果，古代語の音韻論の基礎と，動詞活用を中心とする形態論が飛躍的な発展を遂げたのである．動詞活用の研究は本居宣長が道を開き，息子の本居春庭が完成させた．彼らの仕事については次節で詳しく述べる．

　活用論だけでなく，江戸時代には日本語文法研究の基礎となる重要な研究が生まれた．品詞分類の面では，中世の「てにをは」研究を受け継ぎながら，漢語学の品詞分類を取り入れた研究が見られた．富士谷成章の『かざし(挿頭)抄』(1767〈明和4〉年)，『あゆひ(脚結)抄』(1778〈安永7〉年)では漢語学の品詞分類を下敷きにし，人体の比喩を借りた独自の用語で日本語の品詞を分類，それぞれの語の文法的・意味的な性質について詳細な観察を行った．『あゆひ抄』における品詞分類とは次のようなものである(中田・竹岡(1960)による)．

(2)

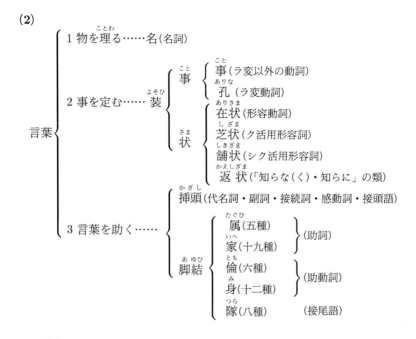

鈴木 朖 も『言語四種論』(1803〈享和 3〉年頃成立)で，次のような漢語学風の品詞分類を行った．

(3)

$$言語\begin{cases}詞\begin{cases}体ノ詞\\用ノ詞\begin{cases}作用ノ詞\\形状ノ詞\end{cases}\end{cases}\\テニヲハ\end{cases}$$

ここで注目すべきことは，「用ノ詞」すなわち述語を「作用ノ詞」「形状ノ詞」に分け，前者にウ列で終止する普通の動詞などを，後者にイ列で終止するラ行変格活用動詞(「あり」「をり」など)，および形容詞・形容動詞†などを配置したことである．すなわち，終止形のウ列とイ列の対立が「作用」「形状」というアスペクト的な対立に一致することを述べているのである．

(c) 近代的文典と大文法家の時代

明治 7(1874)年に田中義廉(よしかど)の『小学日本文典』が出たが,これは江戸時代のオランダ語文法書にならったものであった.しかし日本語文法書の出版が盛んになるのは明治 20 年代以降で,筆者が確認しただけでも,明治 22(1889)年から昭和 12(1937)年までの間に,35 種の日本語文法書が発行されている.明治 20 年ごろにはようやく政府の政治的基盤が安定してくるが,不平等条約の撤廃をめざし,一日も早く西洋列強に伍するために富国強兵政策がとられ,並行して国家主義的思潮が強まってきたことと,文典の出版とは大いに相関している.「国語」,「国文学」という概念も同じ頃定着していったのである.近代国家たるべき要件として,世界に誇れる文学,権威ある辞書,規範的な文法が必要とされた.文法書の大半(35 種のうち 27 種)が文語文典であることもそれを反映している.

このような日本文典の中で最も早く,後に影響をおよぼしたものとして,大槻文彦の『語法指南』(大槻1897)を挙げることができる.この本は大槻が編纂した初の近代的国語辞書『言海』の付録として作られ,後の明治30(1897)年に改編されて『広日本文典』および『日本文典別記』という名称で出版された.『語法指南(広日本文典)』は品詞名として「名詞・動詞・形容詞」などの,洋学から取り入れた用語を用いる一方で,「弖爾乎波(てにをは)」という国学の伝統的な用語をも使用している.このことからも分かるように,江戸時代からの国学の伝統と,新しい洋学の知識を,折衷的に取り入れた構成になっている.明治時代の日本語の文法書は『語法指南』のような折衷派のものか,そうでなければ本居春庭流の「八衢派(やちまた)」(4.3 節参照)のどちらかであると言える.

第二次世界大戦前の日本文法研究のうち,独創性に富み,学問的にも質の高いものは,現在に至るまで著者の名をとって「○○文法」のように称される.そのような"大文法家"として,山田孝雄,松下大三郎,橋本進吉,時枝誠記を挙げることができるであろう.

山田孝雄(1873–1958)は中学校中退でありながらほぼ独学で文法研究につとめ,弱冠 29 歳で『日本文法論 上巻』(1902〈明治 35〉年)を上梓した(『日本文法論』全 1 巻は 1908〈明治 41〉年).国語研究を始めた動機は,中学校の教師時代,生徒に「は」を主語を示すものとする教科書の記述が誤りであることを指

摘され，その生徒の指摘に理のあることを認めて陳謝したことに発していると『日本文法論』に述べている．その後も『敬語法の研究』『日本口語法講義』『日本文法学概説』『奈良朝文法史』『平安朝文法史』『平家物語の語法』などきわめて質の高い研究書を多数著した．山田の文法論はJ. C. A. Heyseの『ドイツ語文典』を介してW. M. Wundtの心理学に影響されており，文法現象を精神作用の面から根拠付ける傾向が強い．

松下大三郎(1878–1935)の『標準日本口語法』(松下 1930b)，『改撰標準日本文法』(松下 1928, 1930)は，言語全般に対する洞察力と，記述に際してのバランス感覚，体系への見通しなどにおいて卓越したものがある．独自の用語を多く用いたためか，戦前の国語学界では後継者に恵まれなかったが，むしろ佐久間，三上らの新しい記述文法を先取りしたものとして，再評価されつつある．文典といえばまず文語文法であった時代に質の高い口語文法書を書いたのみならず，それに先だって自らの母語である方言の文法を研究した点に彼の言語学者としての正統性と先進性が見て取れる．

橋本進吉(1882–1945)には，自ら執筆した専門的な文法研究書はないのであるが，初等・中等教育用の文法の教科書『新文典』『中等文法』が現在の学校文法となったことから，大文法家の学説の中では最も流布していると言ってよい．本来，音声・音韻学者であっただけに，その文法理論は形態面を重視し，意味に対する言及は最小限に抑制されている．

時枝誠記(1900–1967)は，『国語学原論』(時枝 1941)，『日本文法 口語篇』(時枝 1950)，『日本文法 文語篇』(時枝 1954)などで独自の文法学説を展開している．彼の学説は，橋本文法と連続する面を多く持ちながら，一方で「言語過程説」という独自の言語観を強く打ち出し，それに基づく「詞辞論」に基づく品詞分類や「入れ子型構造」と呼ばれる文構造論を提唱した．理論面と記述面の整合性に十分配慮がなされていないこともあって，さまざまな批判を浴び，時枝自身もそれらの批判と真っ向から戦ってきたが，彼の死後は学史的な取扱いしか与えられないことが多い．しかし橋本と時枝の唱えた統語構造論は互いに深い対立を持つにも関わらず，両者ともに日本語の基本的な姿を的確に捉えている．

(d) 戦後の研究

戦後から最近までの状況については前後の節で取り扱っているので，ここでは概略を述べるにとどめる．松下文法の業績は，寺村ら「新記述派」に比較的よく引用されているが，体系として受け継いでいる研究は多くない．総体的な，あるいは細部に亘る評価はこれからの課題である．橋本文法は，学校文法に取り入れられ，学界における de facto standard として定着しているが，理論的な深化はほとんど見られない．時枝文法は，水谷静夫や北原保雄にその発想が受け継がれている．言語の構造の捉え方としては，後述するように，生成文法や範疇文法に近いと見るべきである．山田文法は哲学的な面で大いに深化され，また係り結びや助動詞の解釈などに成果を挙げている．「新記述派」や欧米の理論に押されて「国文法」らしさのようなものが学界で薄まりつつある中で，山田文法の後継者の研究は根強くその独自性を主張しつつあるようである．

4.3 形態論：八衢流の活用論

この節では，「国文法」の一つの理論的支柱をなすと思われる，動詞活用論について検討を加えていく．

(a) 学校文法

学校文法の現代語の活用表はおおむね表 4.1 のようなものである．この活用表を，本居春庭の整理した活用表の流れを汲むものとして，春庭の著作『詞

表 4.1 学校文法における動詞の活用

活用形 (例)	五段 書	上一段 起	下一段 受	カ変 来	サ変 為	接続する語
未然形	か [こ]	き	け	こ	し [さ] [せ]	ない う／よう れる／られる，せる／させる ず(ぬ)
連用形	き [い]	き	け	き	し	ます，ながら，たい，〈連用中止〉 た，て，てる，たら，たり，ちゃう
終止形	く	きる	ける	くる	する	〈言い切り〉，〈辞書形〉
連体形	く	きる	ける	くる	する	「とき」など〈連体修飾〉
仮定形	け	きれ	けれ	くれ	すれ	ば
命令形	け	きろ	けろ	こい	しろ	〈命令〉，よ

の八衢』の名をとり,「八衢流活用表」と呼ぶことにしよう.「言語学研究会」グループに属する鈴木重幸はこの八衢流の活用表に基づく文法論を「四段活用論」と呼び,その形成・普及の歴史にまで立ち戻りながら,詳細な批判を展開している(鈴木重幸 1996).詳細はこれにつかれたいが,本稿の立場からポイントを整理してみたい.

この現代語の表の問題点は,現代語・古典語に限らず八衢流の活用表自体が本質的に持っている問題点と,元来古典語のために作られた表を橋本進吉が現代語に適用したときに発生した問題点とに分けられる.後者から見ておこう.

まず,「未然形」を見てみよう.四段活用動詞「書く」を例に取ると,「書か(ない)」と「書こ(う)」の2形が未然形に配当されている.またサ行変格活用では,「し(ない)」「せ(ず)」「さ(れる)」の3形が同じく未然形になっている.元来,八衢流の方式では異なる形態は別の活用形にするのが大原則なので,これは明らかに原則違反である.

同様のことが,「連用形」についても言える.四段活用動詞では「書き(ます)」と「書い(た)」のように異なる形態が連用形に配当されている.もちろん「書い」は「書き」の「音便形」であるが,現代語では音便が義務化している以上,つまり「た」や「て」に付くときは必ず「書い」という形になる以上,「書き」から「書い」を導かなければならない必要性はない.原則からすれば,「書き」と「書い」は別の活用形にすべきである.

逆に,終止形と連体形はすべての動詞を通じて同形であるので,これを二つの活用形に分けるのも原則にはずれている.終止・連体形とでもいうべき一つの活用形にまとめて,終止用法,連体用法,その他の用法(助詞・助動詞に接続する用法)を持つ,とすべきなのである.ただし形容動詞まで含めれば,終止形と連体形が異なる形態を持っているわけであるが,形容詞や形容動詞は活用の体系がそもそも動詞とたいへん違っているので,動詞と同列に扱うべきではない.

これらの原則違反は,古代語・文語の「未然・連用・終止・連体・已然・命令」という六つの活用形を機械的に現代語・口語にあてはめた結果生じた不都合である.「書こう」は古典語の「書かむ」に起源を持ち,「む」が音便化した結果生じた形式であるということで未然形に収められた.サ行変格活用の場合はさらに複雑である.もともと古代において「せず」「せらる」と一貫してい

4.3 形態論：八衢流の活用論　133

たものが，後に上一段活用動詞や四段活用動詞に接近する形で「しない」「される」という形を派生させたのであるが，これをすべて未然形に引き取ったため，きわめて混濁した体系になってしまったのである．

「書い(た)」は，「書き(たり)」に起源を持つということで連用形に収められた．古代語であれば，音便は義務的ではなかったので，そのような処理も合理的であったと言える．

また連体形と終止形は，かつて形態的に対立していたが，中世に進行した日本語の述語全体の大規模な変化の結果，かつての終止形が消滅し，かつての連体形に終止機能が吸収されたのである．四段活用動詞の場合は古代語から終止形と連体形が同形であったように見えるが，実はアクセントの型が異なっていたので，やはり終止形と連体形は異なっていたのである．現代共通語では，アクセントの上でも両者の区別はない．

以上見てきたように，現代語の実状にそって八衢流の原則をあてはめれば，未然形は「ない」に続く形，「う／よう」に続く形，「れる／られる」「せる／させる」に続く形，「ず」に続く形の四つに，また連用形は非音便形と音便形を別の活用形に細分されるべきであった．また終止形と連体形は統合するべきであった．にも関わらず，橋本進吉が現行の6活用形を『新文典』で採用したのは，ひとえに，現代語文法を古典文法の導入として位置づけたかったからである．橋本(1948b)に次のような解説がある．

(4) 活用形を，未然・連用・終止・連体・仮定・命令の六つにしましたが，本来口語動詞それ自体に就いて見れば，こんなに多く分ける必要がないともいえましょう．一つの動詞で六つの違った活用形をもっているものは一つもないのですし，終止形と連体形とは，各動詞を通じて，同一の形でありますから，たとえば「読む」という活用形に，終止形という名を与えて，この形はいい切る時にも，体言に連ねる時にも用いる形だと説いて差支なく，又，之に連体形という名を与えても宜しい訳です．(中略)六つの活用形を立てる理由は，主として文語動詞との対照に便する為です．もっとも文語動詞でも，各の動詞に就いて見れば，必ずしも六つの違った形をもっているのではありません．ただ最も多くの異なる形を有する「死ぬ」「往ぬ」を標準として，他の語形変化の少ない動詞も，六つの形をもっているものと見なすのです．(中

略)口語動詞もそれに模して,六つの活用形を立てるのです.単に口語だけについて説くには,もっと違った取扱も出来るわけです.

(pp. 55–56, 原文は歴史的仮名遣い)

このように,少なくとも終止形と連体形に関しては橋本進吉は意識して現代語の実状から目をそむけた.口語(現代語)動詞の活用形は,文語動詞に合わせて不合理な枠組みをはめられたわけであるが,教室でそのような説明がなされるわけではないし,また説明したとしても生徒を納得させることは難しいであろう.

次に,古典語の表と現代語の表に共通する問題点とは何か.これは,特に鈴木重幸(1996)に代表される「言語学研究会」グループが強調する点であるが,「語」(word)と形態素の境界が不鮮明であるということでまとめられる.すなわち,「書かない」「書こう」「書きます」「書いた」などの形式は「書く」と同様にすべて動詞1語であり,「書いた」の「書い」と「た」はそれぞれ独立した形では存在し得ないのであるから,「書い」と「た」の2語に分解することは誤りであるとする立場である.さらに,「書い」と「た」をそれぞれ形態素として分析することは可能であるが,形態素は語構成の素材であり,形態素が直接的に文法に参加することはありえないとしている.そして「た」自体に「過去」という意味があるのではなく,「書く」「書いた」「書いている」「書いていた」などの語形の対立の中で,例えば完成相過去「書いた」,持続相過去「書いていた」などの意味が分析できると考えるわけである.同様のことは,名詞にも言え,「花が」を「花」と「が」の2語とするのは誤りで,「花が」全体が名詞1語であるとする.このような分析の是非は,「助詞」「助動詞」を語として認めるか,はたまた日本語の統語論をどう作るかという問題と密接に結びついているので,その箇所で再び検討したい.

また形態素の分析としても,言語学的には音素(単音)レベルまでの分析が必要であるのに,仮名,すなわちモーラ†単位で分析するのはしょせん「えせ形態素」を切り出すにすぎないと鈴木(1996)は批判している.この立場からすれば,「書く」の語幹は kak,「受ける」の語幹は uke であり,打ち消しの「ない」は実は anai と nai という異形態を持つということになる.

このように考えれば,「一段活用動詞」という奇妙な概念も解消される."一段"ならば活用していないのであるから,「起き」の「き」や「受け」の「け」

4.3 形態論：八衢流の活用論　　135

は語尾ではなく語幹に繰り入れられるべきなのである．一段活用という概念は，かつて古代語に存在した二段活用との歴史的な関係を捉えるためにはそれなりに役に立つが，現代語だけを見る場合には不用である．春庭が「一段の活」を立てたのは，後に述べるように，五十音図との関係を重視したからであろう．

　八衢流活用表は優れた業績であるとしても，それなりの時代的制約を負っていることは間違いないのであり，第一線の研究者がその成果を重んじるあまり，無批判に追随したり，まして改悪しているようではいけない．大事なのは，優れた研究が生み出された過程を知り，それを我々の手でさらに発展させていくことであろう．

　次に，八衢流活用表がどのような目的で，どのような経緯を経て成立したかという点を簡単に振り返り，その特徴と問題点を検討していくことにする．

（b）八衢流活用表の成立

　活用論の淵源は中世の「てにをは秘伝書」に遡る．すでに述べたように，古代語の文法体系が中世になって崩壊した結果，和歌を詠む人々は平安文法を規範文法として再構築しなければならなかった．ことにその焦点となったのが「係り結び」現象である．例えば「てにをは秘伝書」の一つ，『歌道秘蔵録』には「大事の口伝」として次のような「ぞるこそれ」の歌とその証歌(実例)が記されている．

(5)　ぞる，こそれ，おもひきやとは，はり，やらん，これぞいつつのとまりなりける

　　　ぞる　水のおもにてる月なみをかぞふればこよひぞあきのもなかなりける

　　　こそれ　えだよりもあだにちりにし花なればおちても水のあはとこそなれ

　　　おもひきやとは　思ひきやしぢのはしがきかきつめてもも夜もおなじまろねせんとは

　　　（このほか，本によっては，「はり」の証歌として「我が庵は都のたつみしかぞすむ世を宇治山と人はいふなり」，あるいは「ふり行ものは我身なりけり」，「やらん」の証歌として「袖ひぢてむすびし水のこほれるを春たつけふの風やとくらん」，あるいは「人やみるらん」をあ

げているものがある.) 　　　　　　　（古田・築島(1972)による）

これは，次のような文中要素と文末との呼応関係を和歌仕立てで述べたもので，その関係は次のように整理できる．

(6)

	文中	文末
a	ぞ	— る
b	こそ	— れ
c	思ひきや	— とは
d	は	— り
e	や	— らん

このうち，a, b, d は係り結びに関わる現象であるが，c, e は和歌の文体・修辞に関わる問題である．また a, b, d についても，現在言うところのラ行変格活用にのみ当てはまる語形であり，ラ行変格活用の動詞が文末に占める割合が高いとは言え，一般化としてはきわめて不完全という他ない．我々はすでに「ラ行変格活用」「係助詞」「動詞」「助動詞」「終止形」「連体形」「已然形」などの概念を自分のものにしているから問題の所在を簡潔に捉えることができる．しかし「てにをは秘伝書」の著者たちはそうではなかったのである．

係り結び研究に画期的な進展をもたらしたのは，本居宣長である．彼は「秘伝書」にあった修辞的な呼応を除き，文法的な呼応のみを取り出した．係りを「こそ」「ぞ・の・や・何」「は・も・徒(ただ)」の3種に絞り，その結びの形態を現在いうところの形容詞語尾，助動詞語尾，動詞語尾などにあらまし分類しながら，43段の表にまとめた．これを，『てにをは紐鏡』として出版している(1771〈明和8〉年)．これによって述語の終止の形態はほぼ完璧に把握されたが，次の段階として自然に述語語幹からいわゆる助動詞類への接続の形態，すなわち活用の把握へと関心が広がっていくことになる．またそうしなければ，古代人のように歌を詠むことはできないのである．宣長のめざしたのは，彼が理想と考える古代の言葉と心であった．古代の言葉に自らの言葉を一致させることによって，古代の心をとりもどそうとしたのである．

宣長は，写本の形で，活用研究ノートとして『御国詞活用抄』『活用言の冊子』を残している．後者は失明前の春庭が筆記したと見られる(竹田1993)．宣長門下の鈴木朖も活用研究に関する著作『活語断続譜』(1803〈享和3〉年頃成立)を著した．これらは同種の型の動詞を分類し並べてはいるが，いまだ整理が行

き届いておらず，完成にはほど遠い．また，富士谷成章は独創的な活用表を作って『あゆひ抄』に載せており，春庭も影響を受けたと見られるが，春庭の表とはまったく発想が異なっている．

宣長，鈴木朖，富士谷成章らの研究が春庭に流れ込み，『詞の八衢』で現在の表とほぼ同様の7種類の型がとりだされた．ただし下一段動詞「蹴る」はまだ発見されておらず，またラ行変格活用は四段動詞の変種として独立した型を与えられていなかった．このような形にまとめあげる過程には，非常な情報の集約力が必要であったはずであり，成人してから失明した春庭がこのような偉業を成し遂げたことには驚きを禁じ得ない．さらに現在も用いられる「四段」「上二段」などの「段」という呼び名も『八衢』で与えられている．ただし『八衢』では形容詞の活用が扱われず，また活用形に名前が与えられていなかったが，これらは春庭に私淑した東条義門の著作『和語説略図』(1833〈天保4〉年)などで解決された．

図 4.1 に示すのは『詞の八衢』における活用表の図である．

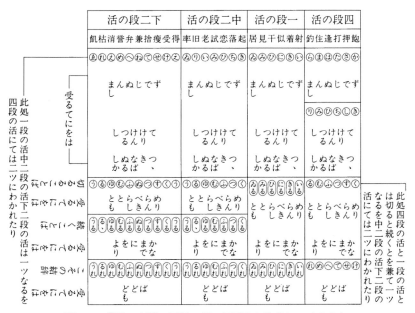

図 4.1 『詞の八衢』四種の活の図(鈴木重幸(1996)より)

(c) 八衢流活用表の特徴と問題点

　中世の「てにをは秘伝書」から宣長の『てにをは紐鏡』，そして春庭の『詞の八衢』に至るまで一貫しているのは，当代の人間が古代語で作歌するという目的であった．さらに，文語文での作文，そして古典解釈にももちろん役だったであろう．そのためには，同じ日本語として共通している部分の情報は切り詰め，まさしく差分のみ示すだけで十分なのである．その差分がすなわち，日本語において文法的な機能を担う形態，「てにをは」である．春庭は，「てにをは」を当時考え得る限りの精度で動詞語幹から切り離した上，動詞の類型を取り出すことに成功したのである．切りだした成分が，近代言語学で認識されるところの「語」なのか「形態素」なのかという問題は，とりあえず彼らにとっては無縁であった．

　ここで春庭の作業を助けた論理装置として，「五十音図」があったことに着目しなければならない．五十音図は，平安時代の漢字および梵字(古代サンスクリット文字)の音韻研究者が創始したと考えられている(古田・築島 1972；馬淵 1993)が，谷川士清(ことすが)の『日本書紀通証』(1748〈寛延元〉年成立)や賀茂真淵の『語意考』(1759〈宝暦 9〉年頃成立)などを出発として，近世の国学において，動詞活用を含めた，現在いうところの形態音韻論的な母音交替現象を説明するために活用されるようになったのである(古田・築島 1972)．

　士清や真淵の段階では，五十音図はいまだ音義説(個々の言語音に意味や精神が宿るとする説)的な，神秘的な図表とする見方に留まっていたが，本居宣長や富士谷成章らはすでに五十音図の音韻論的な解釈を持っていたようである．中世における音韻変化の影響を受けて，誤って伝えられていた「お」と「を」の五十音図における所属を，彼らが自らの著作において相次いで正しくア行とワ行に位置づけたことからもそのことが知られる．宣長には漢字音に関する画期的な著作(『字音仮字用格(かなづかい)』1776〈安永 5〉年，『漢字三音考』1785〈天明 5〉年)もあり，また間接的にオランダ語の音韻に関する知識も得ていたようで(足立 1974)，音韻記号こそ持たなかったものの，彼の音韻論的知識は相当進んでいたものと思われる．

　春庭の活用整理は，五十音図の構造を最大限に活用することで可能になった．すなわち「四段」「二段」という活用の種類の名称は，まさしく五十音図の段

(列)において語尾がどう動くかということを表している．さらに，「四段」「二段」などの活用の類型は，カ行，サ行といった五十音図における各行にそれぞれ存在する個別の動詞語彙の分布を集約し抽象化している．「かきくくけけ」という極限にまできりつめられた活用形式の提示法は，五十音図という当代における最高の言語学的知識を基盤として成り立っているといえる．

五十音図と八衢流活用表の発見は，完全に日本内部で達成された言語学的な偉業といえるが，その完成度の高さに依拠するあまり，知識としての固定化・停滞を招いてしまったとも言える．「言語学研究会」グループや，水谷静夫，中山昌久，屋名池誠といった研究者による活用表の見直しや再編成のような意欲的な研究がある．例えば，水谷静夫は活用表の構成を3型文法で書き直す中で，現代語の記述に不都合な部分を修正している(水谷1971)．「言語学研究会」グループは，動詞形態を「語」単位で捉え，つまり独立形態として存在する形のみを整理した活用表を文法教育で用いるべきだとしている．その一例として鈴木康之(1997)から活用表を引用しておく(表4.2)．

表4.2 言語学研究会による活用表(鈴木康之(1997)より)

		普通の言い方		ていねいな言い方	
		肯定	否定	肯定	否定
断定の言い方	現在未来	書く	書かない	書きます	書きません
	過去	書いた	書かなかった	書きました	書きませんでした
推量の言い方	現在未来	書くだろう	書かないだろう	書くでしょう	書きませんでしょう
	過去	書いただろう	書かなかっただろう	書いたでしょう	書かなかったでしょう
誘いかける言い方		書こう	(書くまい)	書きましょう	
命令する言い方		書け	書くな	書きなさい	

また中山昌久，屋名池誠は，動詞の優れた形態素分析の方法を示し，文献と方言をともに視野に収めた包括的な記述を可能にした(中山 1981, 1984；屋名池 1986, 1987)．

しかし，これらの研究は一部の専門家に受け入れられてはいるものの，学界内においてさえ，一般的な知識にはなりえていない．

我々はここで改めて，学校文法における八衢流活用表の弊害の大きさを考えてみなければならない．釘貫(1996)は，日本文法学における「規範」の存在が研究の発展を阻害していることを指摘した．江戸時代の国学者の「てにをは」

> **述語の活用をどう考えるか**
>
> 4.3節でみたように,現在の学校文法の活用表にはさまざまな問題があるが,新しい標準を作るにあたっては,さらに活発な議論が必要であろう.「言語学研究会」方式のように述部構造をまるごと「語」ととらえ,膨大な表を作っていくことも一つのあり方であるが,今少し統語論的な観点を加える余地もあろう.例えば益岡・田窪(1992)では,動詞による述部構造を次のように分類している.
>
> **動詞の活用形** 文中に単独で現れ,それ以上活用しない形.語幹＋語尾.例:「書く」「書いた」「書け」「書こう」「書けば」「書いたら」「書き」「書いて」
>
> **動詞の派生形** 語幹に接尾辞が付き,新たに活用する形.例:「書かない」「書きます」
>
> **動詞＋助動詞** 助動詞は動詞の活用形に付き,新たな意味と機能を付け加える.活用するものもしないものもある.例:「書くだろう」「書いたかもしれない」
>
> **複合動詞** 複合動詞には語彙的なものと統語的なものがある.特に統語的な複合動詞は文法的な機能を持つ.例:「書きはじめる」「書いている」
>
> 現行の学校文法に比べて,形態論的な矛盾はほとんど解消されているが,初等・中等教育に導入するなら,分かりやすさという点でさらに研究が必要であろう.

研究は,堂上(伝統的な歌の家)に伝わる規範に対抗して,古典に直接学ぶ姿勢を貫いたところから,めざましい成果を得た.今,その国学者の成果が,新たな規範となって日本の文法教育や文法研究の発展をさまたげる方向に働いている.我々が学ぶべきことは,春庭らの成果ではなく,その精神である.すなわち,言語への尽きることのない探求心と,錯綜した事実の中から一般性,法則性を発見していく悦びである.

4.4 統語論

春庭の『詞の通路』には,**依存文法**[†](dependency grammar)にも比されるべき統語分析が示されている(水谷 1983).しかし,本格的な統語構造への接近はやはり近代を待たねばならなかった.すなわち,橋本進吉,時枝誠記,渡辺実,北原保雄,水谷静夫らの学説である.これらの学説の間には,容易に克服しがたい鋭い対立が見て取れる.それは,日本語における形態論的構造と,文が表すであろう"論理構造"とのある種の"ミスマッチ"に由来していると見る

ことができる．橋本進吉のいわゆる「文節文法」は形態論的構造を最大限に重視した統語分析であるが，文の論理構造を見るには不向きなモデルである．これに対し，時枝誠記のいわゆる「入れ子型」モデルは，簡潔ながら日本語の文構造から見事に論理構造を浮かび上がらせた．しかし，そこでは日本語の自然な形態論的単位(橋本の「文節」，松下大三郎の「詞」，渡辺実の「成分」，山田孝雄，鈴木重幸の「語」)が壊されている．統語分析を文の論理的分析の手だてとしたいと考える北原，水谷らは時枝流の統語分析を発展させようとした．

（a） 橋本文法（学校文法）

橋本進吉の文法論はすでに述べたように学校文法に採用されているので，彼の構文論は現在もっとも多くの日本人に知られているといえる．ただし橋本は自説の文法理論を十分展開しないまま他界したのであり，学校文法は橋本文法の，できの悪い亜流に過ぎないという見方もある．

ともあれ，橋本文法の最大の特徴は，意味的側面への言及は最小限にとどめ，文の音声的側面を最大限に生かしながら分析を進めるというものである．この方法は，日本語母語話者にとっては，古典語に対してさえある程度まで機械的に形態素解析および統語解析を進めることができるという点で，ことに古文解釈などにとっては実用的な方式であると評価することができる．

橋本の構文論は「文節」という単位に文を区切るところから出発する点に最大の特徴を持つので，「文節文法」とも呼ばれる．

文節は，「文を実際の言語としてできるだけ多く句切った最も短い一句切」と定義される．例えば次のようになる．

(7) 田中さんは｜赤い｜花を｜じっと｜見て｜いた．

文中における文節どうしの関係は次のように分類される．

(8) a. 主語–述語の関係
b. 修飾–被修飾の関係
c. 補助の関係
d. 対等の関係
e. 独立の関係

これらの関係に基づき，文節は群化され，最終的に一文が一つの構造にまとめあげられる．

橋本(1959)に示された手順に基づいて，(7)の文の最終構造を示そう．

(9)
　田中さんは　赤い　花を　じっと　見て　いた．

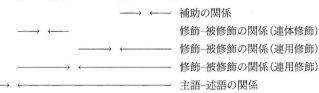

この分析は，日本語の母語話者が大まかな係り受け関係を把握するためにはそれなりの役に立つであろう．現に，学校では古典の読解などに活用されている．しかし，分析から何らかの論理構造を取りだそうとするとき，さまざまな不足を感じることになるであろう．まず，論理構造を正しく反映させようとすると，文節単位の係り受けでは不都合が生じるという点である．例文で言えば，「赤い」は「花を」ではなく「花」に係り，「赤い花」が「を」によって述語に結び付けられるのではないか，という問題である．同様のことは，「赤い花だ」「たぶん花だ」のような語句についても言える．橋本文法では，「赤い」も「たぶん」も文節「花だ」に係るとしか言えず，前者が連体修飾，後者が連用修飾であるという違いが構造から出せない．

(10) a. 赤い　花だ
　　　　　⟶　⟵　　連体修飾

b. たぶん　花だ
　　　　⟶　⟵　　連用修飾

もし，「花だ」を「花」と「だ」に分ける立場に立つならば，この二つの関係を統語構造に反映させることは簡単である．すなわち，「赤い花だ」は「赤い」が「花」を修飾し，「たぶん花だ」は「たぶん」が「花だ」を修飾すると考えるのである．

　第2点は，第1点とも密接に結びついているが，橋本文法では成分の範疇に関する装置が乏しいために，成分どうしの関係を記述する力があまりに弱い，という点である．橋本文法では主語以外の格成分(例えば「花を」)も，副詞的語句(例えば「じっと」)も等しく連用修飾成分になっているが，統語的にも意味的にも両者は異なるものとしなければならない．また副詞的語句も，統語的・意味的観点から細分する必要がある．例えば「じっと見るだろう」と

「たぶん見るだろう」を比べる場合，橋本文法で両者の違いを構造の面から示すことはできない．以上の点は，一部は松下大三郎によってすでに解決の糸口が与えられているが，最終的には北原保雄によって根本的な検討が加えられる．

また，主語の問題もある．橋本文法では「が」によるものも「は」によるものも，ともに主語としか扱われない．また橋本文法の主語は，他の格成分がすべて修飾語扱いであるのに対し，唯一特別な地位が与えられているかに見えるが，実際の分析では他の修飾成分に比してなんら異なる扱いが見られない．「が」と「は」の問題にもどれば，例えば「象は鼻が長い」のような文は，橋本文法では分析不能である．この点では，例えば草野清民の『草野氏日本文法』(明治34〈1901〉年)において示された，「象は鼻長し」の「象は」を「大主語」，「鼻」を「小主語」とする分析や，後述する松下大三郎や山田孝雄の扱いに比べると，ずいぶん見劣りがする．

(b) 松下文法

松下大三郎は，西洋のwordの概念にあたる単位として「詞」を立て，これが文の直接構成素であると考えた．「書いた」「書くだろう」「花が」「花を」などはすべて詞である．橋本文法における助詞・助動詞は「原辞」という形態素相当の成分と見なされる．したがって統語論としては橋本文法に類似のものとなるが，統語分析の方法について具体的なことはあまり述べていない．しかし，成分の範疇については，きわめて先進的な分析を示している．例えば，松下文法では補充と修飾とを区別している．松下(1930b)から引用する．

(11) 凡そ詞が他詞に従属するに修飾と補充と有る．

  人，酒を 飲む 旅行 致す
  家 近く なる 人 来る

の___の様なのは___に対して補充である．___の意義に欠けた点が有るから___が之を補充するのである．補充は他語の相対性を絶対化するものである．然るに修飾は他語の欠陥を補充するのではない．他語を調節して其の意義を詳しくするものである．例えば「我今酒を飲む」の「今」は修飾の語である．「我酒を飲む」だけでも意義に欠陥

はない．「今」と云えば時がわかって意義が詳しくなるだけである．
(pp. 700–701，原文は歴史的仮名遣い)

この区別を用いて，松下は例えば次のような受身文の違いを説明している（松下 1930b）．

(12)　a.　子供が犬に嚙まれる．
　　　b.　国旗は高く檣上へ掲げられた．

松下は(12a)を「利害の被動」とし，「被動の主を一人格として取扱い其れが或るものの動作に由って利害を被る意を表す被動」であるとしている．ここで，「犬に」は客語，すなわち補充成分である．一方(12b)は「単純の被動」であり，「利害を被る意味その他特殊の意味」がないとしている．(12b)は客語「〜に」を持たない．(12b)の場合，次のような対立が生じる．

(13)　国旗は水夫{*に／によって}高く檣上へ掲げられた．

この文で「に」を用いると国旗が水夫によって利害を被るように感じられるのでおかしくなるが，「によって」を用いるとそのようなことはない．これは，「水夫によって」が「方法経路を表す」修飾語であり，客語ではないからだ，とするのである．

また，松下文法は「は」などによる文の主題の性質をいち早くつかんでいた．松下(1928)では「は」「も」を含む「題目態」と含まない「平説態」を区別し，次のようにまとめている．

(13)　題目は即ち問題である．判定の対象の予定的提示である．予定であるから解説に先だって先ず定められ，そうして解説を要求する．先ずさだめられるから旧概念となる．旧概念となるから倒置法でない限り必ず判定語より先に言われる．　　(p. 772，原文は歴史的仮名遣い)

このような把握は，三上(1960)ほかの三上章の議論や久野(1973)などをはるかに先取りしていると見られるのである．

(c)　時枝文法

時枝文法は，周知の通り，**言語過程説**と称する言語観に基づいて形成された文法理論であるが，言語過程説の哲学的な意味あいや位置づけについては一切省略し，ここでは文構造の分析に直接関わる部分だけをとりあげる．この面での時枝文法のエッセンスは，次のようにまとめられる．

(14) a. 日本語の単語は詞と辞に分類される．詞は客観的なもの（概念過程を経た形式）を，辞は主観的なもの（概念過程を経ない形式）を表す．名詞，動詞などは詞であり，助詞，助動詞，感動詞などは辞である．副詞などは詞と辞が一形態に融合している．
   b. 日本語の構造は，詞の右側に辞が現れ，辞が詞を総括する構造を基本とする．詞–辞の組はさらに大きな詞の一部に含まれる．最終的に文は1個の最大の詞とそれを総括する1個の辞とに分析される．この，文末に現れる1文にただ1個の辞を「陳述」と呼ぶ．
   c. 動詞の終止形など，辞にあたる部分が形態的に分析できない場合は，「ゼロ記号」と呼ばれる無形態の辞が存在すると仮定する．

今，(7)で用いた例文をすこし変えて，時枝が用いた「入れ子型」の図式で示そう．大きい箱は詞を，小さい箱は辞を表す．ゼロ記号は「■」で表すことにする．

(15)

実は，この構造分析は，次のような句構造文法とほぼ等価である．仮に，詞辞が連続した構造を**句**と呼ぶことにする．

(16) a. 句 ⟶ 詞 辞
     b. 詞 ⟶ 句 詞

この句構造文法に基づいて，(15)を樹形図で示せば，図4.2のようになる．

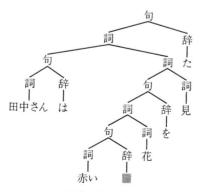

図 4.2　句構造文法による樹形図

日本語の基本的な構造が，たった2個の句構造規則でとらえられている点は非常に重要である．時枝は，詞辞の区別を主観・客観の違いと見たが，むしろ，語彙的なものと機能的なものの違いと見て，規則(16a)は「日本語は機能的な形式が語彙的な形式の右側に現れる」という一般化を表していると見ることが可能である．(16)に示された規則は，実質的に生成文法における**投射**[†] (projection)や**付加**[†] (adjunction)の考えを含むもので，こうして見ると時枝文法は驚くほど生成文法に似ていることが分かる．なお，時枝文法が生成文法的であるという指摘は，水谷(1983)や郡司(1990)にもある．念のために言うと，時枝の『国語学原論』(1941)はN. Chomskyの*Syntactic Structures*より16年早い．ただし，橋本文法同様，補充と修飾の区別がなされていないので，投射と付加の区別がつけられない．やはり，詞と辞だけでは統語範疇として貧弱といわざるを得ないであろう．

また時枝文法では，詞辞の厳密な二元論と形態との対応が十分解決されておらず，ゼロ記号の用い方にも恣意的で不明確な点が多いなど，多くの批判を受けた．さらに，主語と主題の区別もなく，係り結びに見るように入れ子を破って文末にまで勢力を及ぼすような現象についてはほとんど説明力を持たなかった．

上のような批判を受け，時枝理論の不備を修正する形で現れたのが渡辺実と北原保雄の文法理論である．以下で両者の学説を概観する．

(d) 渡辺実『国語構文論』

渡辺の『国語構文論』(1971)のエッセンスを時枝文法との違いに焦点をあてながら提示する．

(17) a. 構文的職能を素材表示職能と関係構成職能に分類する．
  b. 語彙と，そこに遇せられる職能は1対他の関係にある．例えば名詞自体は素材表示職能のみを持つ．動詞は素材表示職能と関係構成職能の両方を有する．助詞は関係構成職能のみを持つ(ゼロ記号は存在しない)．
  c. 関係構成職能は，展叙(名詞や述語に係る職能)，統叙(述語が連用成分を受け，綜合する職能)，陳述，再展叙(統叙成分を再び展叙に転換する，述語の連体形や条件形等の形式が有する職能)に

分類される．
　d. 素材表示職能と関係構成職能の結合を成分と呼ぶ．文は最大の成分であり，文の最後に現れる関係構成職能を陳述と呼ぶ．

以上の概念を用いて，「桜の花が咲く．」という文を分析すると図 4.3 のようになる．

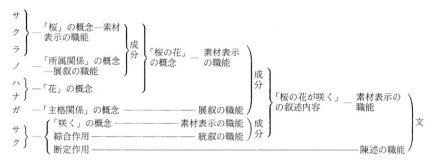

図 4.3　渡辺実による文の分析（渡辺(1971)，p.66 より）

渡辺文法の特徴はいろいろあるが，時枝の「陳述」を統叙と陳述に分割した点が目を引く．しかし結局，統叙と陳述は「一旦は明瞭に区別されねばならないけれども，結局は相互に連続すると認めるべきである」とも述べられている(p.141)．こうして渡辺は，時枝の詞辞論の精神を生かしつつも，形態的に詞辞をふり分けることの矛盾を見事に解消した．さらに，述部における動詞から助動詞・終助詞への形態的な一体性を考慮し，山田文法で主張されるような述部の意味的な一体性をも保証することに成功している．しかしその反面，成分どうしの論理的な関係は逆に不鮮明となってしまった．具体的には，以下のような点において，そのことが現れている．

図 4.3 において，動詞「サク」には，「咲く」の概念を表示する素材表示の職能と，断定作用を表す陳述の職能が遇せられている．陳述の職能は，しかし「咲く」の概念に直接働くのではなく，「桜の花が咲く」の叙述内容に対して働くもののように図示されている．では，この「桜の花が咲く」という叙述内容はどのように得られるのであろうか．

渡辺(1971)の別の箇所には次のような説明が与えられている．
（18）　述語は内面的意義の次元でまず，①「サク」の概念を担い，②その概念を素材としかつ先行する成分を承けてはたらく綜合作用を表し，

③その綜合の結果そなわる「桜の花が咲く」という叙述内容を代表し，④最後にその叙述内容を素材として下される断定作用を表わす，という四つの要素を複雑に担っていると理解されねばならない．

(p. 68)

そして次のような図を掲げている．

(19) サ ク ─ { [「咲く」の概念 ─ 素材 / 綜合作用 ─ 統叙] (成分) / [叙述内容 ─ 素材 / 断定作用 ─ 陳述] (成分) }

「サク」の叙述内容とは，統叙の作用の結果として「そなわる」ものであり，かつそれは「桜の花が咲く」という叙述内容を「代表」しているものである．ということは，どうやら，具体的に「サクラノハナガ」という成分と「サク」が結合したところに構成されるものではなく，「サク」という動詞内部において生じるもののようである．実は，北原(1981)が批判しているように，渡辺の『国語構文論』は「構文論」と言いながら，時枝のように成分どうしが関係し合って論理的な構造を作っていくような仕組みはまったく取り扱われておらず，個別成分論に終始しているのである．この点で，時枝文法とは似て否なるものである．

また，渡辺文法においても，「は」と「が」，あるいは係り結びの問題は「余分」なものとして，扱いかねている．さらに尾上(1990)において批判されているように，渡辺文法の「陳述」の定義はいささか不明瞭で理解しにくい．

(e) 北原保雄『日本語助動詞の研究』

北原保雄の統語論(北原1981)は，時枝文法において表されていた文の立体的な論理構造を生かしながら，それをさらに精密化していった．助動詞の階層と格成分の階層を関連付け，動詞や助動詞に，固有の格統括機能(渡辺の「展叙」を細分化したもの)が与えられているとした．例えば，格成分と述語の係り承け関係は次のように分析される(北原(1981)，p.150の図を少し変えた)．

(20)

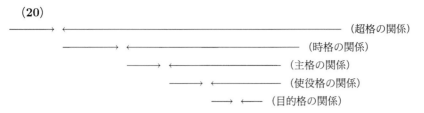

(どうも)(あの時に)太郎が 次郎に 本を 読ま せ た らしい

　より精密には，図 4.4 のような構造を仮定している．これは，**範疇文法**(categorial grammer，第 3 章参照)，および範疇文法の考えを取り入れた一部の生成文法(主辞駆動句構造文法 HPSG や JPSG など)とほぼ同等の考え方である．つまり，動詞の側で格成分を統括するという考え方は，HPSG などにおける**下位範疇化**(subcategorization，第 3 章参照)に等しいのである．今，HPSG の日本語版の一つである JPSG(Gunji 1987)の記法を援用して，図 4.4 の構造を図 4.5 に示してみよう．なお，素材概念，すなわち意味に関わる部分については簡略化のため省略している．

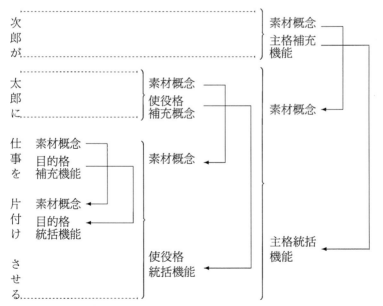

図 4.4　格成分と述語の係り承け関係(北原(1981)，p. 181 より)

150   4 国文法

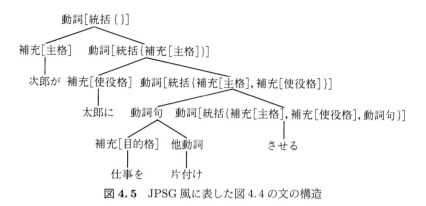

図 4.5　JPSG 風に表した図 4.4 の文の構造

また，格の補充と統括によって形成される「客観的」な出来事を表す構造の外側を「主観的」な推量が包み込むというような構造を仮定する点において，仁田義雄や益岡隆志の分析ともきわめて近い．北原に至って，もはや生成文法や新記述派との境界はきわめてあいまいなものとなっている．

(f) 形態か論理か

橋本文法の批判としてしばしばとりあげられる，構造と論理の不整合性は，時枝文法において大部分解消された．例えば，「赤い花を」「本を読むだろう」にはそれぞれ次のような構造が与えられる．

(21)　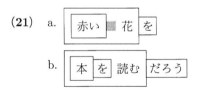

しかし，この構造では，形態的に一体的な「花を」「読むだろう」という構造が壊され，「を」や「だろう」のような自立性を持たない成分が文の直接構成素として扱われている．このような統語分析のあり方を，鈴木重幸(1996)では「形態素主義」と呼んで批判した．鈴木の立場からすれば，「花を」「読むだろう」はそれぞれ統語構造の中では分解できない1語であり，文の直接構成素はこれらの単位でなければならないのである．したがって，活用論において助動詞を動詞から切り離した橋本に対し反対した鈴木は，統語論において，橋本の

文節文法を部分的ながらむしろ擁護している．鈴木と同じ「反＝形態素主義」的な議論は，松下大三郎や，山田文法の流れを汲む野村(1991)においても展開されている．

「形態素主義」に対する批判はもっともな議論であると言わねばならないが，次のような疑問も出てくる．我々が「赤い花を見る」という文を理解するとき，意味的な理解を算出するためのある段階で，「赤い花」というまとまりを作り，それを「見る」と結びつける，という操作を仮定することはどうしても必要であろう．そして「赤い花」と「見る」を結びつけるのが「を」であるとすれば，(21a)のような構造も決して不自然とは言えないのである．とすれば，形態的な構造「赤い｜花を」と論理的な構造「赤い花・を」は日本語にとってともに必要な構造と言えないだろうか．このことをもう少し鮮明に示す例として，次のような例を考えてみよう．

(22) 先生が生徒に3回教科書を読ませた．

この文は，「3回」の解釈について両義性がある．すなわち，「3回教科書を読む」ことをさせたのか，「教科書を読ませる」ことを3回させたのか，という点である．両者はあきらかに異なった真理値を持ち得る．これは，「3回」の意味的な修飾対象として，「読む」と「読ませる」の二つを区別しなければならないことを示している．例えば，「読ま」と「読ませる」を階層的に捉える北原文法であれば，「3回」の係り先を統語構造の上で区別できるであろう．どうしても「読ませた」を統語分析で分解したくないという立場に立つのなら，「読ませる」の意味論において「読む」と「読ませる」を分解せざるを得ない．結局，意味に深く踏み込むならば，「読ませる」は「読む」と「読ませる」の二つの述語を含むとせざるを得ないのであり，理論的には，その分離を統語論で行うか，意味論で行うかという違いがあるだけである．

以上のような形態と論理のミスマッチは，日本語に限らず，自然言語に普通に見られることである．例えば英語の「過去」の標識はすべて動詞と形態的に一体となっているが，論理的に言えば「過去」の標識は主語を含めた命題に付与されるはずである．統語論が形態と意味を結びつけることを目的とするかぎり，このミスマッチは何らかの手段によって乗り越えられなければならないはずである．Chomsky やその同調者であれば，「変形」という手段を用いてそれを実現しようとするだろう．奥津(1976)には「つまり生成文法は，おおまかに

言って，時枝的な入れ子型構造を深層構造とし，橋本的な文節構造を表層構造とし，両者を変形によって結びつけるのである」という説明がある．「深層・表層」という構造を仮定しない近年の生成文法の理論では，例えば動詞の過去形（'ran'など）が動詞句を形成したあと，feature checking のために時制位置に移動する，などという説明を採るであろう．また JPSG のような文法であれば，動詞の語彙情報に意味構造を埋め込み，統語構造を作りながら，意味構造を写像するというような手段を採るであろう．

いずれにしても，統語分析の目的が，形態的な構造から，明示的な有限の手続きによってある種の論理的な構造を取り出す試みであるとするならば，それは(広い意味で)生成文法的にならざるを得ない．目的が同じである限り，「国語学」の文法とその他の文法との間に根本的な違いがあるとは考えられない．

4.5　山田文法・係り結び・判断

述語を中核として論理構造を取りだそうとする統語分析にとって，扱いにくいのが「は」と「が」の区別，あるいは「は」による主題・解説構造の位置づけである．この問題について，新記述派を中心に多く採用されているのが，無主題文を述語を中核とする命題のみからなる文と見て，有主題文を，命題を主観的な判断が包み込んだ構造を持つモダリティ付き文と見る見方である．

これに対し，山田文法はかなり異なった捉え方をしている．山田は，文を文たらしめている精神作用を**統覚作用**と呼んだ．これは主位観念と賓位観念の異同を判定し事態を承認するところの「繋辞」を支える作用である．そして述語における統覚作用の現れを「陳述」と呼んだ．時枝は彼の文法論の中で「陳述」という概念を山田から借りたと述べているが，時枝では陳述は文末の特定の形態に現れるものなのであるから，山田の説とはまったくかけ離れている(尾上 1990)．「陳述」という概念の変容については大久保(1968)も参照されたい．山田は，「は」を含む「係助詞」を，陳述に直接影響を及ぼす助詞と位置づけた．すなわち，統覚作用の直接の表示であるところの繋辞にほかならないと考えたのである．

このように山田文法は，「は」の問題を，中世から受け継がれてきた係り結びの問題として位置づけた．中世において，「ぞ・なむ・や・か」による狭義の係

り結びが日本語の文法から失われていく中で，まずその形態的呼応現象が注目の対象となったわけであるが，江戸時代にはその意味的・機能的側面も考察されるようになった．山田は，「統覚作用」という文の成立論的側面から係り結び現象に理論的根拠を与えたのである．加えて重要なのは，狭義の係助詞に加えて「は・も」をも係助詞と見なした点である．この点について山田は本居宣長が『てにをは紐鏡』において「徒」(無標の連用成分)から「は・も」を区別したことを高く評価している．山田は，「鳥は飛ぶ時……」のような例を挙げ，「鳥は」は「飛ぶ」を超えて文末まで係らずにはおけない勢力を有していることを「は」が係助詞であることの証拠とした．

また山田文法では，述体句と喚体句の区別を唱えた．述体が述語を用いて成立する句(文)であるのに対し，喚体句は述語によらないで成立する句である．喚体句の典型は「妙なる笛の音よ」「老いず死なずの薬もが」のような，連体修飾句によって修飾された名詞に係助詞や終助詞が付加されたものである．すなわち，述体の句は述語の陳述によって文が成立するが，喚体の句は述語の陳述によらずに文が成立するということである．

山田の学説は，森重敏，川端善明，尾上圭介，野村剛史，大鹿薫久といった研究者に受け継がれ，思想的に深化していった．例えば川端(1966)では，述体句は「AハBナリ」という包摂判断を，喚体句は「AハAナリ」という自同判断を「根拠」として持つことにより，「文」たり得ると説明している．「桜！」「(ああ,)酒！(飲みたいなあ)」のような1語文を喚体の一種とするならば，これらが単なる単語としての〈桜〉や〈酒〉ではなく，また述語の省略でもなく，文でありえているのは，そこに主語と述語が分化する以前の主体の「判断」が文の根拠として存在するからだ，と説明するのである．

このように，「は」を「文の根拠」たる「統覚作用＝判断」と直接結びつける山田流の分析と，格を手がかりに論理構造を求める統語理論とは接点を持つことができるのであろうか．例えば水谷(1983)では，時枝文法の延長としての書き換え規則に基づく統語分析を「文組成論」の問題と捉える一方で，句が文として成立するための議論を山田文法に基づいて「文成立論」と呼び，係り結びはまさにこの文成立論の中心問題であるとした．

また，森重(1977)は陳述作用を〈論理的格関係〉と〈係結的断続関係〉とに分け，両者の関係について次のように規定している．

(23) 文体的統覚作用のうちに，しかもそれに対応している文法的陳述作用は，意味的に主述の〈論理的格関係〉の陳述作用であるとともに，その陳述作用自体のなかに，機能的な〈係結的断続関係〉を含むのである．そして，断続関係は，それが機能的であるだけに，すぐれて意味的な論理的格関係の表面にあらわれ，格関係が論理的なものであるだけに，それを包んで単に論理的である以上の意味，すなわち，情意的なものをも，前表現的にあらわすことになる． (p.80)

しかし格関係も断続関係も，ともに 統覚作用＝判断 によって支えられるのであり，係り結びと格が二元的に対立するわけではない．(24)に川端(1966)から引用する．この中で「形容詞文」と呼んでいるのは，品詞としての形容詞を述語に持つ文のみを言う概念ではなく，それを含んで広く包摂判断を表すような文の意味的類型を指している．

(24) 形容詞文から動詞文への分節の，代表的に認められるもう一つの個所はその主語である．主語における分節に成立するのが格である．形容詞文主語は，属性によって指示せられたものとして未だ何の格資格ももたない．敢えて格の名で呼ぶならば，萌芽状幼虫状の格としての対象語格でしかない．格は，把握における形容詞文から動詞文への分節において成立するものである．従って格には一つのヒエラルキーがある．格を述語の単なる意味的充足と見るのは，便宜的な現象主義に過ぎない．動詞文における動作的意味は，動詞文分節の原理たる時間性の上に立つのだが，動作はまた当然方向的な意味を分化する．その方向は，なお動作方向的に外面的である段階から関係方向的に内面化する段階までを持つ．それに応ずる格の段階を外的限定格・内的限定格と呼び得るであろう．更に格は，このように述語の実質層への関連を持つとともに，実質層を貫通して，助動詞的言語層の各層と呼応を持つ．例えば，ガ・ヲ・ニの三格の相互交替とヴォイスの助動詞の呼応は，この呼応の現象的に端的な一例に過ぎない．そしてそのように呼応があることは，諸格のヒエラルキーを立証するのでなければならず，且つ，分節以前としての形容詞文，或いは存在詞文における主語述語の相関的呼応に，根拠づけられているのである．

(pp.178–179)

4.5 山田文法・係り結び・判断

　以上の引用にも表れているように，山田文法(以下，その後継者による展開も含めてそう呼んでおく)では，文の成分によって構成的に組み立てられる論理的意味には関心を持たない．山田文法では，あらゆる文(ただし，主文に限る)は，文である限りにおいて，たとえ述語を持たない喚体文でさえ，「今，ここ，わたし」による「判断」によって根拠づけられていると見る．係助詞はまさしくその判断に直接対応する成分であるが，格助詞も実は「主語」が分化した姿に外ならず，そうであるがゆえに，「述語」の言語層と「呼応」を持つとするのである．

　「今，ここ，わたし」における「判断」，これを野村(1991)にならって「コギト性」と呼ぶならば，山田文法では言語のコギト性をこそ研究対象として重要視する．このような立場から，係助詞やモダリティ助動詞などの論理と情意の絡み合った意味・機能を巧みに描き出すことに成功している．

　しかし，有限の手続きによって形態から論理構造を取り出すことをめざすような生成文法的な研究は，むしろコギト性を超越することを目的とするものであり，山田文法とは対極に位置するかのように見える．再び，川端(1966)から引用する．

(25)　言語には人間に属する面と自然に属する面とがあると，先に記した．ほぼ同じこととして，一つなる言語に，沈黙の言語への関連と機械の言語への関連とがある，と言ってもよい．(中略)今，一つなる言語を，沈黙への関連でイメージするか，機械への関連でイメージするかの二途が，いわば究極的に，言語論における内容主義と現象主義をわけているように思われる．　　　　　　　　　　　　　　(p. 185)

　しかしながら，「沈黙の言語」にしか価値を認めない立場では，言語の「科学」は成立しないように思われる．「沈黙の言語」と「機械の言語」との絶えざる往還こそが，文法学者にとって真に求められる態度ではないだろうか．

　山田文法は言語と認識の関係について非常に深い思索を展開し，読む者に尽きない示唆を与えてくれる．これもまた，世界に誇る「国文法」のひとつの達成と見るべきである．例えば尾上(1990)では，日本語の文法研究者をその方法の特徴から分類する中で山田孝雄，森重敏，川端善明らを「根拠解釈派」と位置づけ，他の研究よりも上位に位置づけている．

　しかし，「根拠解釈派」が「国語学」の一部にとじこもってしまっているよう

ではいけない．言語と認識の関係について関心を持つ人は専門を問わず山田文法を読むべきであるし，すでに山田文法を深く理解する研究者は，山田文法を一般言語学の一部に組み込んでいく努力をすべきである．その具体的な接近法についてはむろんさまざまな方法が考え得る．認知言語学的観点から山田文法を読み直すという方法もあるだろうし，川端と同様に，文の根拠としての「判断」という概念を用いながら，生成文法と形式意味論を援用して徹底した形式化を計ろうとする黒田成幸の仕事(Kuroda(1965), Kuroda(1992)の第1章, Kuroda(1995)など) と山田文法との比較といった作業も興味深い．いずれも，未来に託された日本文法学の課題である．

4.6　世界の言語学と「国文法」

　江戸時代の国学における「てにをは」研究や四大文法家の業績は，確実に世界的レベルでみても誇るに足る学問的水準に達していると断言できる．しかしその後の「国語学者」が，彼らの仕事を正統に発展させてきたかどうかについては，疑問なしとしない．

　「国語学」は特に古典研究と強く結びつき，また初等・中等・高等教育に密着して，閉じたマーケットを作りあげた．このことは，世界の言語学の動向に振り回されることなく，じっくりと研究を深化させることを助けたという点で有利に働きはしたが，国内のマーケットの中だけで通じる話をしていればよいという油断を生じさせ，議論を一般言語学の中に位置づけ，世界に成果を公表していくという努力を怠らせたという点では不利に働いた．「国語学者」は自分たちがもともと言語学者であったことを忘れて，言語学とは別に国語学が存在するような錯覚を制度的に固定してしまった．

　一方で日本の「言語学」もまた，海外の新理論を翻訳・導入することばかりに力を注ぎ，それをいち早く身につけた事を手柄とするというような，奇妙なゆがみをやはり制度化してしまった．そこでは伝統的な研究は遅れた研究であり，無視してかまわないものになっている．「言語学」の方からも，「国語学」を別物扱いしているのである．

　このような伝統的研究と輸入学問の乖離は，日本の学問全般に見られる傾向ではあるのだが，言語研究においては特に典型的に現れている．日本語教育や

工学が日本語研究に参入しても，ゆがみはますます深まり，混乱が増す傾向にある．

誰であれ日本語研究に携わる人は，このゆがみを正していくことを真剣に考えなければならない．例えば「国語学者」と「言語学者」が協力して，古代から現代までの日本語研究史を英語などの外国語で書くといったことが必要ではないか．伝統的な日本語研究の優れた点を，世界の言語研究者に理解できるように説明することが重要なのである．山田文法の流れなど，一見現代の言語学の動向から離れた国語学独自の研究のように見えても，Wundt, F. Brentano, E. Husserl といったヨーロッパ哲学の影響を強く受けた言語観に基づいているだけで，なんら特殊なものではない．

またこれから日本語文法を学ぶ人には，次のことがらを認識していただきたい．世界の言語の中で，言語学的な特徴において日本語がなんら特殊な言語でないのと同様に，「国文法」という特殊な文法は存在しない．例えば学校文法が奇妙でゆがんだものであるのは，制度のゆがみを反映しているだけであって，言語自体が特殊なわけではないのである．

第 4 章のまとめ

4.1 春庭の八衢流の活用論は，五十音図など当代の知識の最先端を駆使した優れた研究であったが，時代の制約もあり，発展の余地を大いに残していた．私たちは春庭の研究を規範や固定化された事実として捉えるのでなく，私たち自身が言語事実に直面し，それらと格闘しながら理論をつかみ出していくための，貴重なケーススタディとして捉えるべきである．

4.2 橋本，時枝，渡辺，北原らの統語理論は，相互に鋭い対立をはらみつつ進展してきた．その対立の根本には，日本語における形態と論理のミスマッチの問題が横たわっていた．

4.3 山田文法は，統覚作用＝判断の存在を文成立の根本に据え，認識と表現の相関について深い思索を展開してきたが，その成果は一般言語学に十分還元されてはいない．

用語解説

本文中で十分説明できなかった用語について解説し，本文の該当箇所に † を付けた．

依存文法(dependency grammar) 　従属文法ともいう．文の統語的構造は文の要素の間の支配従属関係の総体とする立場に立った文法．句構造文法が語と文の中間に動詞句や名詞句などのフレーズを認めるのに対し，依存文法では直接に文の要素の間の関係を考慮する．

形容動詞 　学校文法では「あわれだ」「静かだ」の類を「形容動詞」と呼んでいる．なぜ「動詞」かというと，古典語における語形「あはれなり」「静かなり」がラ行変格活用動詞(「あり」)とほぼ同じ活用をとるからである．現代語では動詞とまったく異なった形態になっているから，「形容動詞」の名称は不適切である．代案として，形容詞に含める(普通の形容詞を「イ形容詞」と呼ぶのに対して「ナ形容詞」と呼ぶ)，名詞に含める(普通の名詞を「ノ名詞」と呼ぶのに対して「ナ名詞」と呼ぶ)，などの説が提案されているが，一長一短がある．

シニフィアンとシニフィエ 　Ferdinand de Saussure による，言語の二面性．言語学の研究対象は一般にシーニュ(signe)，すなわち記号と呼ばれるが，シーニュには二面性があるとした．一つは「意味するもの」という存在のシニフィアン(signifiant)であり，言語の音韻的・形態的な表現に対応する．もう一つは「意味されるもの」という存在のシニフィエ(signifié)であり，言語の意味に対応する．この二つは互いに分かちがたく依存し合っているとされる．言語のこのような二面性は他の言語理論でも多かれ少なかれ仮定されており，生成文法の音声形式(phonetic form, PF)と論理形式(logical form, LF)の区別，HPSG の PHONOLOGY と SYNSEM の区別なども，(そのまま Saussure の区別に対応するものでないにせよ)このような言語の二面性を捉えたものと言えるだろう．

投射・付加 　句構造文法において，動詞は目的語と結びついて句を作るが，この句の文法的性質は動詞が決定する．ここで動詞は句の主要部であり，この句は動詞の**投射**(projection)であると言う．投射は主要部の目的語，補語，主語(主語が動詞の投射に含まれるかどうかは理論によって異なる)などによって作られ，主要部の語彙的性質によって投射の構造はあらかじめ決定されている．動詞だけでなく名詞，前置詞などさまざまな範疇が投射を持つ．文中での最大投射を特に動詞句，名詞句，前置詞句などと呼ぶ．投射のほかに，句構造を大きくする方法として，副詞など修飾語による**付**

加(adjunction)がある．付加は主要部にとっては文字どおり付加的な成分であり，句構造にとって付加は必須ではない．

文脈自由文法　形式言語理論においては，言語の間のチョムスキー階層というものの存在が知られているが，その中でも文脈自由文法(context-free grammar, CFG)は，それによって生成される言語の構文解析を高速に行なうアルゴリズムが存在することから，人間の言語理解のモデルとの関連において注目されている．自然言語の中には文脈自由文法で書き表わすことが不可能な現象が存在するとの主張もあったが，このような証明の多くは間違いであったことが Pullum, G. K. & Gazdar, G. (1982), Natural languages and context-free languages, *Linguistics and Philosophy*, Vol. 4, pp. 471–504 で詳しく論じられた．その後，ドイツ語のスイス方言など，確かに文脈自由文法では書けない言語が存在することが知られている．(第8巻第1～3章参照)

モーラ　日本語の音韻的な単位は，音節よりも小さなモーラ(mora)で数えるのがよいとされている．促音(「っ」)，撥音(「ん」)，長音(「ー」)，二重母音の後部などの特殊モーラ(特殊拍)を1単位に数えるところが音節と異なる．特殊拍は直前のモーラと組になって重音節(長音節)を作る．音節とは別にモーラを認めるならば，「トヨタ」は3音節3モーラ，「ニッサン」は2音節4モーラということになる．(第2巻第2章参照)

読書案内

第1章

[1]　松下大三郎(1930)：『改撰標準日本文法』(訂正版)，中文館書店(復刊，勉誠社，1974)．
　　原辞(形態素)や詞(単語)や断句(文)といった単位を取り出しながら，壮大な文法記述を展開した書．

[2]　南不二男(1993)：『現代日本語文法の輪郭』大修館書店．
　　文の形成を階層的に捉え，文法記述の体系を簡潔に説いたもの．

[3]　鈴木重幸(1972)：『日本語文法・形態論』むぎ書房．
　　いわゆる助詞・助動詞を単語と認めず，文法カテゴリを取り出しながら，単語を中心にした文法記述を展開したもの．

[4]　寺村秀夫(1982, 1984, 1991)：『日本語のシンタクスと意味』(I, II, III)，くろしお出版．
　　きめ細かい良質の体系的な記述文法の書を目指したもの．

第2章

入門書

[1]　野田尚史(1991)：『はじめての人の日本語文法』くろしお出版．
　　日本語文法に関するいくつかのテーマについて対話形式で記述している．

[2]　益岡隆志(1993)：『24週日本語文法ツアー』くろしお出版．
　　日本語文法の体系をわかりやすく解説している．

専門書

[3]　三上章(1953)：『現代語法序説』刀江書院(復刊，くろしお出版，1972)．
　　主語否定論など，独創的な分析が施されている．

[4]　渡辺実(1971)：『国語構文論』塙書房．
　　叙述と陳述などの概念に基づいて，日本語文法の体系が提示されている．

[5]　鈴木重幸(1972)：『日本語文法・形態論』むぎ書房．
　　文法的カテゴリー(本巻第1章を参照のこと)の概念に基づいて，形態論を中心とした文法論が説かれている．

[6]　寺村秀夫(1982, 1984, 1991)：『日本語のシンタクスと意味』(I, II, III)，くろしお出版．

体系的な記述文法(文論)の構築を目指したもの．
[7]　南不二男(1993)：『現代日本語文法の輪郭』大修館書店．
　　文の階層性(2.3 節を参照のこと)に着目して，文法の体系化を目指している．
[8]　久野暲(1973)：『日本語文法研究』大修館書店．
　　言語学的な観点から日本語文法の様々な規則性を明らかにしたもの．

第3章

本章で扱ったような話題を1冊にまとめて解説してあるような手頃な本はないので，いささか細かくなるが，各々のトピックごとに関連する書籍をあげる．

[1]　林栄一・小泉保(編)(1988)：『言語学の潮流』勁草書房．
　　本章で触れなかった生成文法以前の文法理論について日本語で読める言語学の概説書．
[2]　石綿敏雄(1983)：結合価から見た日本文法．朝倉日本語新講座，第3巻『文法と意味 I』, pp. 81–112, 朝倉書店．
　　依存文法について日本語で読める概説．
[3]　古川康一・溝口文雄(編)(1986)：『自然言語の基礎理論』共立出版．
[4]　郡司隆男(1987)：『自然言語の文法理論』産業図書．
[5]　Sells, P. (1986): *Lectures on Contemporary Syntactic Theories: An Introduction to Government-Binding Theory, Generalized Phrase Structure Grammar, and Lexical-Functional Grammar.* Center for the Study of Language and Information, Stanford University. 郡司隆男・田窪行則・石川彰(訳)，『現代の文法理論』産業図書，1988．
　　1980年代の，語彙機能文法，一般化句構造文法などの変形を用いない生成文法については，[3]の第1章，[4]の第3章，[5]などに概説がある．
[6]　Fillmore, C. J., 田中春美・船城道雄(編訳)(1975)：『格文法の原理：言語の意味と構造』三省堂．
　　Fillmore の格文法の主な論文の日本語訳がある．
[7]　井上和子(1976)：『変形文法と日本語』(上,下), 大修館書店．
[8]　井上和子(1978)：『日本語の文法規則』大修館書店．
　　どちらも，日本語の変形文法を取り上げた書物だが，様々な非構造的概念に対する言及がある．
[9]　Perlmutter, D. M. (ed.) (1983): *Studies in Relational Grammar* 1. University of Chicago Press.
[10]　Perlmutter, D. M. & Rosen, C. G. (eds.) (1984): *Studies in Relational Grammar* 2. University of Chicago Press.

[11]　Postal, P. M. & Joseph, B. D. (eds.) (1990) : *Studies in Relational Grammar* 3. University of Chicago Press.

[12]　Blake, B. (1990) : *Relational Grammar*. Routledge.

関係文法については,[9][10][11]が1970年代の論文のリプリントも含んでいて,まとまって読むことができる.[12]のような入門書もある.

[13]　Bresnan, J. (ed.) (1982) : *The Mental Representation of Grammatical Relations*. MIT Press.

語彙機能文法について基本的なことをより詳しく知りたい読者は,この分厚い論文集をじっくり読むのがよいだろう.

[14]　Gazdar, G., Klein, E., Pullum, G. K. & Sag, I. A. (1985) : *Generalized Phrase Structure Grammar*. Basil Blackwell.

[15]　Pollard, C. J. & Sag, I. A. (1987) : *Information-Based Syntax and Semantics*, Vol. 1 : *Fundamentals*. Center for the Study of Language and Information, Stanford University. 郡司隆男(訳),『制約にもとづく統語論と意味論——HPSG入門』産業図書,1994.

[16]　Pollard, C. J. & Sag, I. A. (1994) : *Head-Driven Phrase Structure Grammar*. University of Chicago Press.

[17]　Sag, I. A., Wasow, T. & Bender, E. (2003) : Synthetic Theory: A Formal Introduction, 2nd ed., CSLI Publications. 郡司隆男・原田康也(訳),『統語論入門——形式的アプローチ』(上)(下),岩波書店,2001.(1999年の原著第1版の翻訳)

[18]　Gunji, T. (1987) : *Japanese Phrase Structure Grammar*. D. Reidel.

[19]　Gunji, T. & Hasida, K. (eds.) (forthcoming) : *Topics in Constraint-Based Grammar of Japanese*. Kluwer.

一般化句構造文法は[14]にまとまっている.主辞駆動句構造文法については[15]〜[17]にまとめられており,[15][17]には日本語訳がある.HPSGの枠組で日本語を分析したものに[18]があり,その後の日本語の分析の論文集に[19]がある.

[20]　Morrill, G. V. (1994) : *Type Logical Grammar*. Kluwer.

[21]　Steedman, M. (1996) : *Surface Structure and Interpretation*. MIT Press.

[22]　Wood, M. M. (1993) : *Categorial Grammars*. Routledge.

範疇文法については,形式的記述を抜きにして語れないため,数学的な記述を厭わない読者は[20][21]などに挑戦するとよいだろう.また,[22]のような入門書もある.

[23]　Grimshaw, J. (1990) : *Argument Structure*. MIT Press.

[24]　Levin, B. & Rappaport Hovav, M. (1995) : *Unaccusativity: At the Syntax-Lexical Semantics Interface*. MIT Press.

[25]　影山太郎(1993)：『文法と語形成』ひつじ書房.
　　非構造的概念と構造的概念との関係についてまとまった著述としては，項構造については[23]が，非対格性については[24]がある．また，[25]の第2章に日本語で読める，非対格性についてまとまった解説がある．
[26]　Stowell, T. & Wehrli, E. (eds.) (1992): *Syntax and the Lexicon*. Vol. 26 of *Syntax and Semantics*, Academic Press.
　　本章は，変形という統語的操作に代えて，語彙情報の充実という観点から文法を見直す立場を取り上げてきたが，統語論と語彙との関係については，この論文集に興味深い論文がまとめられている．特に，編者たちによる 'Introduction' と，それに続く 'The role of the lexicon in syntactic theory' (pp. 9-20) には，歴史的な変遷が手際よくまとめられており，一読を勧める．

第4章

[1]　井上和子(編)(1989)：『日本文法小辞典』大修館書店.
　　ここに収められた北原保雄「日本語文法理論」は，四大文法家+αの理論を概観するのにたいへん便利．ただし，北原文法はとりあげられていない．
[2]　北原保雄(1984)：『文法的に考える――日本語の表現と文法』大修館書店.
　　北原文法に基づく一般的解説書．
[3]　三浦つとむ(1976)：『日本語はどういう言語か』講談社学術文庫.
　　時枝文法に依拠しながら，著者独自の言語感が生き生きと展開されている．
[4]　渡辺実(1996)：『日本語概説』岩波テキストブックス.
　　著者の自説の文法理論を初心者むけにやさしく解説している．
[5]　鈴木重幸(1996)：『形態論・序説』むぎ書房.
　　国文法の諸理論の形成過程を，古代にまで遡り，詳細かつ批判的にとりあげている．
[6]　足立巻一(1990)：『やちまた』(上，下)(新装版)，河出書房新社.
　　本居春庭の偉業達成の秘密を探ろうとして，春庭とその周辺の語学者の生涯を追い求めていく．並行して，春庭の調査に情熱を燃やす著者自身と，著者の友人たちの青春群像も描いた，私小説風評伝．文庫版も出ている．
[7]　益岡隆志(2003)：『三上文法から寺村文法へ――日本語記述文法の世界』くろしお出版.
　　本章で「新記述派」と呼んだ三上章，寺村秀夫の文法理論の学史的展開を，著者自身の文法観に照らしながら位置づけた好書．

参考文献

第1章

フィルモア, C.J., 田中春美・船城道雄(編訳)(1975)：『格文法の原理：言語の意味と構造』三省堂.
林四郎(1973)：『文の姿勢の研究』明治図書.
井上和子(1976)：『変形文法と日本語』(下), 大修館書店.
益岡隆志(1991)：『モダリティの文法』くろしお出版.
三上章(1953)：『現代語法序説』刀江書院(復刊, くろしお出版, 1972).
森岡健二(1994)：『日本文法体系論』明治書院.
仁田義雄(1980)：『語彙論的統語論』明治書院.
仁田義雄(1989)：拡大語彙論的統語論. 久野暲・柴谷方良(編), 『日本語学の新展開』, pp.45-77, くろしお出版.
仁田義雄(1991)：『日本語のモダリティと人称』ひつじ書房.
大塚高信(1955)：『文法の組織』研究社.
奥田靖雄(1985)：『ことばの研究・序説』むぎ書房.
鈴木重幸(1972)：『日本語文法・形態論』むぎ書房.
鈴木重幸(1996)：『形態論・序説』むぎ書房.
高橋太郎(1987)：動詞・その1. 教育国語, **88**, 26-45.
寺村秀夫(1991)：『日本語のシンタクスと意味』(III), くろしお出版.

第2章

井上和子(1976)：『変形文法と日本語』(上), 大修館書店.
工藤真由美(1995)：『アスペクト・テンス体系とテクスト——現代日本語の時間表現』ひつじ書房.
益岡隆志(1987)：『命題の文法』くろしお出版.
益岡隆志(1991)：『モダリティの文法』くろしお出版.
益岡隆志(1992)：不定性のレベル. 日本語教育, 77号.
三上章(1953)：『現代語法序説』刀江書院(復刊, くろしお出版, 1972).
南不二男(1974)：『現代日本語の構造』大修館書店.
南不二男(1993)：『現代日本語文法の輪郭』大修館書店.
村木新次郎(1991)：ヴォイスのカテゴリーと文構造のレベル. 仁田義雄(編), 『日本語

のヴォイスと他動性』くろしお出版.
仁田義雄(1991):『日本語のモダリティと人称』ひつじ書房.
仁田義雄(1992):判断から発話・伝達へ. 日本語教育, 77号.
柴谷方良(1978):『日本語の分析』大修館書店.
須賀一好・早津恵美子(編)(1995):『動詞の自他』ひつじ書房.
寺村秀夫(1982):『日本語のシンタクスと意味』(I), くろしお出版.
寺村秀夫(1984):『日本語のシンタクスと意味』(II), くろしお出版.

第3章

Ajdukiewicz, K. (1935): Die Syntaktische Konnexität. *Studia Philosophica*, **1**, 1–27.

Bresnan, J. (1978): A realistic transformational grammar. In Halle, M., Bresnan, J. & Miller, G. A.(eds.), *Linguistic Theory and Psychological Reality*, pp. 1–59, MIT Press.

Bresnan, J. (1980): Polyadicity. In Hoekstra, T., van der Hulst, H. & Moortgat, M. (eds.), *Lexical Grammar*, pp. 97–121, Foris. A revised version appears as 'Polyadicity', in Bresnan, J. (ed.), *The Mental Representation of Grammatical Relations*, Ch. 3, pp. 149–172, MIT Press.

Bresnan, J. (ed.) (1982a): *The Mental Representation of Grammatical Relations*. MIT Press.

Bresnan, J. (1982b): The passive in lexical theory. In Bresnan, J.(ed.), *The Mental Representation of Grammatical Relations*, Ch. 1, pp. 3–86, MIT Press.

Bresnan, J. & Kanerva, J. M. (1989): Locative inversion in Chicheŵa: a case study of factorization in grammar. *Linguistic Inquiry*, **20**(1), 1–50.

Bresnan, J. & Zaenen, A. (1990): Deep unaccusativity in LFG. In Dziwirek, K., Farrell, P. & Mejías-Bikandi, E.(eds.), *Grammatical Relations: A Cross-Theoretical Perspective*, pp. 45–57, Center for the Study of Language and Information, Stanford University.

Burzio, L. (1986): *Italian Syntax: A Government-Binding Approach*. D. Reidel.

Chomsky, N. (1965): *Aspects of the Theory of Syntax*. MIT Press. 安井稔(訳),『文法理論の諸相』研究社, 1970.

Chomsky, N. (1981): *Lectures on Government and Binding*. Foris. 安井稔・原口庄輔(訳),『統率・束縛理論』研究社, 1986.

Chomsky, N. (1986): *Barriers*. MIT Press. 外池滋生・大石正幸(監訳), 北原久嗣・小泉政利・野地美幸(訳),『障壁理論』研究社, 1994.

Davidson, D. (1967): The logical form of action sentences. In Rescher, N. (ed.), *The Logic of Decision and Action*, pp. 81–95, University of Pittsburgh Press.

Davis, T. (1996): *Lexical Semantics and Linking in the Hierarchical Lexicon*. Ph. D. dissertation, Stanford University.

Dixon, R. (1994): *Ergativity*. Cambridge University Press.

Dowty, D. R. (1982): Grammatical relations and Montague grammar. In Jacobson, P. & Pullum, G. K. (eds.), *The Nature of Syntactic Representation*, pp. 79–130, D. Reidel.

Dowty, D. R. (1989): On the semantic content of the notion of 'thematic role'. In Chierchia, G., Partee, B. H. & Turner, R. (eds.), *Properties, Types and Meaning*, Vol. II, pp. 69–129, Kluwer.

Dowty, D. R. (1991): Thematic proto-roles and argument selection. *Language*, **67**(3), 547–619.

Fillmore, C. J. (1968): The case for case. In Bach, E. & Harms, R. (eds.), *Universals in Linguistic Theory*, pp. 1–90, Holt, Rinehart and Winston. 田中春美・船城道雄(編訳),『格文法の原理：言語の意味と構造』三省堂，1975, pp. 49–157 に「格の症例」として所載.

Fillmore, C. J., 田中春美・船城道雄(編訳) (1975):『格文法の原理：言語の意味と構造』三省堂.

Fillmore, C. J. (1977): The case for case reopened. In Cole, P. & Sadock, J. (eds.), *Syntax and Semantics*, Vol. 8, pp. 59–82, Academic Press.

Fukushima, K. (1993): SUBCAT, CONTENT, CONTEXT, and honorification in Japanese. Paper presented at HPSG Miniconference, July 24–25, 1993, Ohio State University.

Gazdar, G. (1981): Unbounded dependencies and coordinate structure. *Linguistic Inquiry*, **12**, 155–184.

Gazdar, G., Klein, E., Pullum, G. K. & Sag, I. A. (1985): *Generalized Phrase Structure Grammar*. Basil Blackwell.

Grimshaw, J. (1990): *Argument Structure*. MIT Press.

Gruber, J. S. (1965): *Studies in Lexical Relations*. Ph. D. dissertation, MIT.

Gunji, T. (1987): *Japanese Phrase Structure Grammar*. D. Reidel.

郡司隆男(1994):『自然言語』日本評論社.

Gunji, T. & Hasida, K. (eds.) (forthcoming): *Topics in Constraint-Based Grammar of Japanese*. Kluwer.

Harada, S.-I. (1976): Honorifics. In Shibatani, M. (ed.), *Japanese Generative Gram-*

mar, Vol. 5 of *Syntax and Semantics*, pp. 499–561, Academic Press.

Harman, G. H. (1963): Generative grammars without transformation rules: a defense of phrase structure. *Language*, **39**, 597–616.

橋田浩一・郡司隆男(1992)：日本語の計量句と言語処理過程．日本認知科学会第9回大会発表論文集，pp. 68–69.

Howard, I. & Niyekawa-Howard, A. M. (1976): Passivization. In Shibatani, M. (ed.), *Japanese Generative Grammar*, Vol. 5 of *Syntax and Semantics*, pp. 201–237, Academic Press.

Iida, M. (1992): *Context and Binding in Japanese*. Ph. D. dissertation, Stanford University, published from CSLI in 1996.

Inoue, K. (1976): Reflexivization: an interpretive approach. In Shibatani, M. (ed.), *Japanese Generative Grammar*, Vol. 5 of *Syntax and Semantics*, pp. 117–200, Academic Press.

井上和子(1976)：『変形文法と日本語』大修館書店．

井上和子(1978)：『日本語の文法規則』大修館書店．

Ishikawa, A. (1985): *Complex Predicates and Lexical Operations in Japanese*. Ph. D. dissertation, Stanford University.

石綿敏雄(1983)：結合価から見た日本文法．朝倉日本語新講座，第3巻『文法と意味 I』，pp. 81–112，朝倉書店．

Jackendoff, R. (1972): *Semantic Interpretation in Generative Grammar*. MIT Press.

Johnson, D. E. (1977): On relational constraints on grammars. In Cole, P. & Sadock, J. M. (eds.), *Grammatical Relations*, Vol. 8 of *Syntax and Semantics*, pp. 151–178, Academic Press.

影山太郎(1993)：『文法と語形成』ひつじ書房．

Kaplan, R. & Bresnan, J. (1982): Lexical-functional grammar: a formal system for grammatical representation. In Bresnan, J. (ed.), *The Mental Representation of Grammatical Relations*, Ch. 4, pp. 173–281, MIT Press.

Keenan, E. L. & Comrie, B. (1977): Noun phrase accessibility and universal grammar. *Linguistic Inquiry*, **8**(1), 63–99.

Kuno, S. (1973): *The Structure of the Japanese Language*. MIT Press.

Kuroda, S.-Y. (1978): Case marking, canonical sentence patterns, and counter equi in Japanese (a preliminary survey). In Hinds, J. & Howard, I. (eds.), *Problems in Japanese Syntax and Semantics*, pp. 30–51, Kaitakusha.

Ladusaw, W. A. & Dowty, D. R. (1988): Toward a nongrammatical account of thematic roles. In Wilkins, W. (ed.), *Thematic Relations*, Vol. 21 of *Syntax and Semantics*, pp. 61–73, Academic Press.

Levin, B. & Rappaport Hovav, M. (1995) : *Unaccusativity: At the Syntax-Lexical Semantics Interface*. MIT Press.

McCawley, N. A. (1976) : Reflexivization: a transformational approach. In Shibatani, M. (ed.), *Japanese Generative Grammar*, Vol. 5 of *Syntax and Semantics*, pp. 51–116, Academic Press.

Miyagawa, S. (1989) : *Structure and Case Marking in Japanese*. Vol. 22 of *Syntax and Semantics*, Academic Press.

Morrill, G. V. (1994) : *Type Logical Grammar*. Kluwer.

Nishigauchi, T. (1984) : Control and the thematic domain. *Language*, **60**, 215–250.

Oehrle, R. T., Bach, E. & Wheeler, D. (eds.) (1988) : *Categorial Grammars and Natural Language Structures*. D. Reidel.

Perlmutter, D. M. (1978) : Impersonal passives and the unaccusative hypothesis. In *Proceedings of the Fourth Annual Meeting of the Berkeley Linguistics Society*, pp. 157–189, Berkeley Linguistics Society.

Perlmutter, D. M. (ed.) (1983) : *Studies in Relational Grammar 1*. University of Chicago Press.

Perlmutter, D. M. & Postal, P. M. (1977) : Toward a universal characterization of passive. In *Papers from the Third Annual Meeting of the Berkeley Linguistics Society*, pp. 394–417. Reprinted with a revision in Perlmutter, D. M. (ed.) (1983), *Studies in Relational Grammar* 1, pp. 3–29, University of Chicago Press.

Perlmutter, D. M. & Rosen, C. G. (eds.) (1984) : *Studies in Relational Grammar 2*. University of Chicago Press.

Perlmutter, D. M. & Postal, P. M. (1984) : The 1-advancement exclusiveness law. In Perlmutter, D. M. & Rosen, C. G. (eds.), *Studies in Relational Grammar* 2, pp. 81–125, University of Chicago Press.

Pollard, C. J. (1984) : *Generalized Context-Free Grammars, Head Grammars and Natural Language*. Ph. D. dissertation, Stanford University.

Pollard, C. J. & Sag, I. A. (1987) : *Information-Based Syntax and Semantics*, Vol. 1 : *Fundamentals*. Center for the Study of Language and Information, Stanford University. 郡司隆男(訳),『制約にもとづく統語論と意味論——HPSG 入門』産業図書, 1994.

Pollard, C. J. & Sag, I. A. (1994) : *Head-Driven Phrase Structure Grammar*. University of Chicago Press.

Postal, P. M. & Joseph, B. D. (eds.) (1990): *Studies in Relational Grammar* 3. University of Chicago Press.

Pustejovsky, J. (1995): *The Generative Lexicon*. MIT Press.

Rosen, C. G. (1984): The interface between semantic roles and initial grammatical relations. In Perlmutter, D. M. & Rosen, C. G. (eds.), *Studies in Relational Grammar* 2, pp. 38–77, University of Chicago Press.

Sag, I. A. & Pollard, C. J. (1991): An integrated theory of complement control. *Language*, **67**(1), 63–113.

Saussure, F. de (1916): *Cours de linguistique générale*. Payot, Lausanne et Paris. 死後 Charles Bally と Albert Sechehaye により Albert Riedlinger の協力を得て出版, 小林英夫(訳),『一般言語学講義』岩波書店, 1972 改版.

Shibatani, M. (1977): Grammatical relations and surface cases. *Language*, **53**, 789–809.

Steedman, M. (1996): *Surface Structure and Interpretation*. MIT Press.

Tesnière, L. (1959): *Eléments de syntaxe structurale*. Klincksieck.

Yatabe, S. (1990): Quantifier floating in Japanese and the θ hierarchy. In *CLS*, Vol. 26, Chicago Linguistics Society.

Yatabe, S. (1993): *Scrambling and Japanese Phrase Structure*. Ph. D. dissertation, Stanford University.

第4章

足立巻一(1974):『やちまた』(上,下), 河出書房新社.

遠藤嘉基(1976): 日本語研究の歴史(1). 岩波講座『日本語』第1巻, pp. 177–230, 岩波書店.

古田東朔(1976): 文法研究の歴史(2). 岩波講座『日本語』第6巻, pp. 299–356, 岩波書店.

古田東朔・築島裕(1972):『国語学史』東京大学出版会.

Gunji, T. (1987): *Japanese Phrase Structure Grammar*. D. Reidel.

郡司隆男(1990): 文法.『人工知能ハンドブック III 自然言語編』オーム社.

橋本進吉(1934):『国語法要説』(『国語科学講座』), 明治書院.

橋本進吉(1946):『国語学概論』(「橋本進吉博士著作集」第1冊), 岩波書店.

橋本進吉(1948a):『国語法研究』(「橋本進吉博士著作集」第2冊), 岩波書店.

橋本進吉(1948b):『新文典別記口語篇』冨山房.

橋本進吉(1959)：『国文法体系論』(「橋本進吉博士著作集」第7冊)，岩波書店．
川端善明(1966)：文の根拠．文林(松蔭女子学院大学国文学研究室)，**1**，166-185．
北原保雄(1981)：『日本語助動詞の研究』大修館書店．
北原保雄(1989)：日本語文法理論．井上和子(編)，『日本文法小辞典』，pp. 3-54, 大修館書店．
釘貫亨(1996)：日本文法学における「規範」の問題――学説史的考察．名古屋大学文学部研究論集，**124**(文学42)，251-287．
久野暲(1973)：『日本文法研究』大修館書店．
Kuroda, S.-Y. (1965): *Generative Grammatical Studies in the Japanese Language.* Ph. D. dissertation, MIT.
Kuroda, S.-Y. (1992): *Japanese Syntax and Semantics: Collected Papers.* Kluwer.
Kuroda, S.-Y. (1995): "Sentences, Judgements and Propositions." 未公刊ドラフト．
馬淵和夫(1993)：『五十音図の話』大修館書店．
益岡隆志・田窪行則(1992)：『基礎日本語文法』(改訂版)，くろしお出版．
松下大三郎(1928)：『改撰標準日本文法』中文館書店(復刊(訂正再版)，勉誠社，1978)．
松下大三郎(1930a)：『改撰標準日本文法』(訂正版)，中文館書店(複製，勉誠社，1974)．
松下大三郎(1930b)：『標準日本口語法』中文館書店(復刊(増補校訂)，勉誠社，1977)．
三上章(1960)：『象ハ鼻ガ長イ――日本文法入門』くろしお出版．
南不二男(1974)：『現代日本語の構造』大修館書店．
宮地裕(1979)：『新版 文論』明治書院．
水谷静夫(1971)：リスト処理による活用アクセプタ．計量国語学，**56**，6-29．
水谷静夫(1974)：『国語学五つの発見再発見』創文社．
水谷静夫(1983)：国文法素描．水谷静夫(編)，朝倉日本語新講座，第3巻『文法と意味I』，pp. 1-80，朝倉書店．
水谷静夫(1991)：『稿本 国文法大系』東京女子大学日本文学科．
水谷静夫(1995)：『意味記述体系』秋山書店．
森岡健二(1994)：『日本文法体系論』明治書院．
森重敏(1965)：『日本文法――主語と述語』塙書房．
森重敏(1977)：『日本文法通論』風間書房．
中田祝夫(1954)：『古点本の国語学的研究 総論篇』講談社(改訂版，勉誠社，1979)．
中田祝夫・竹岡正夫(1960)：『あゆひ抄新注』風間書房．
中山昌久(1981)：動詞活用の種類とその記述方法．国語と国文学，**58**(3)，60-78．
中山昌久(1984)：動詞の活用．「研究資料日本文法」2『用言編(一)動詞』，pp. 37-79, 明治書院．

野村剛史(1991)：助動詞とは何か——その批判的再検討．国語学(国語学会)，**165**，38-52．

奥津敬一朗(1976)：生成文法と国語学．岩波講座『日本語』第6巻，pp.358-417，岩波書店．

尾上圭介(1981)：山田文法とは．言語，**10**(1)，10-18．

尾上圭介(1990)：文法論——陳述論の誕生と終焉．国語と国文学(東京大学国語国文学会)，**67**(5)，1-16．

大久保忠利(1968)：『日本文法陳述論』明治書院．

大野晋(1976)：日本語研究の歴史(2)．岩波講座『日本語』第1巻，pp.231-274，岩波書店．

大野晋(1993)：『係り結びの研究』岩波書店．

大槻文彦(1890)：『語法指南』(単行本)(複製本，勉誠社，1996)．

大槻文彦(1897)：『広日本文典』『日本文典別記』．

尾崎知光(1976)：文法研究の歴史(1)．岩波講座『日本語』第6巻，pp.261-297，岩波書店．

鈴木重幸(1996)：『形態論・序説』むぎ書房．

鈴木康之(1997)：活用論をどう見直すか．日本語学，**16**(4)，39-45．

竹田純太郎(1993)：『活用言の冊子』について．国語学(国語学会)，**173**，15-27．

時枝誠記(1941)：『国語学原論』岩波書店．

時枝誠記(1950)：『日本文法 口語篇』岩波書店．

時枝誠記(1954)：『日本文法 文語篇』岩波書店．

徳川宗賢(1989)：日本語研究の流れ．阪大日本語研究(大阪大学文学部日本学科〈言語系〉)，**1**，1-13．

築島裕(1964)：『国語学』東京大学出版会．

渡辺実(1971)：『国語構文論』塙書房．

山田孝雄(1908)：『日本文法論』宝文館出版．

山田孝雄(1936)：『日本文法学概論』宝文館出版．

屋名池誠(1986)：述部構造——現代東京方言述部の形態＝構文論的記述．『松村明教授古稀記念国語研究論集』，pp.583-601，明治書院．

屋名池誠(1987)：活用——現代東京方言述部の形態＝構文論的記述〔2〕．学苑(昭和女子大学近代文化研究所)，昭和62年1月号，194-208．

索　引

AVM　　*115*
c-構造　　*87, 115*
c-統御　　*92*
diacritic　　*97*
Dyirbal　　*88*
f-構造　　*87*
Fillmore, C. J.　　*94, 96, 123*
GB 理論　　*96*
GPSG　　*113, 114*
Heyse, J. C. A.　　*130*
HG　　*113*
Hierarchy Constraint　　*93*
HPSG　　*92, 114*
JPSG　　*152*
LFG　　*86, 115*
Nuclear Chaining Constraint　　*91*
Pollard, C. J.　　*114*
proto-agent　　*99*
proto-patient　　*100*
θ 基準　　*96, 99*
θ 役割　　*95, 99*
Wundt, W. M.　　*130*

ア　行

アクセント　　*133*
アスペクト　　*xii, 24, 31, 64*
『あゆひ抄』　　*127*
意志　　*29*
依存関係　　*80*
依存文法　　*80, 159*
一貫性　　*96*
一般化句構造文法　　*xiv, 113*

移動　　*116*
意味役割　　*xiii, 95, 98*
意味役割関係　　*94*
入れ子型　　*130, 145*
ヴォイス　　*xii, 22, 30, 54*
　　狭い意味の——　　*54*
　　広い意味の——　　*55*
動き　　*23*
訴え型　　*70*
訴え文　　*74*
詠嘆型感嘆文　　*78*
演述型　　*70*
演述文　　*71*
大槻文彦　　*129*
奥田靖雄　　*123*

カ　行

〜が　　*49, 51*
外項　　*109*
階層構造　　*44*
下位範疇化　　*xiv, 111, 149*
ガ格　　*50, 58*
　　——とカラ格の交替　　*52*
　　——とデ格の交替　　*53*
係り受け　　*80*
係り結び　　*135, 152*
係結的断続関係　　*153*
格　　*xi, 21, 50, 89*
　　——の交替　　*52*
格支配　　*21*
格助詞　　*50, 81*
格成分　　*21*

格フレーム　21
格文法　94
『かざし抄』　127
学校文法　121, 141
『活語断続譜』　136
『活用言の冊子』　136
『歌道秘蔵録』　135
可能態　55, 58
川端善明　153
関係構成職能　146
関係節化　93
関係文法　xii, 86, 87, 89
完結相　31
間接受動文　56, 84
完全性　95
喚体句　153
感嘆型　70
感嘆文　77
願望態　55, 58
勧誘　29
疑似モダリティ　69
北原保雄　148
基底格　95
機能-項の両唯一性　96
基本形　60
義務的コントロール　104
疑問型　70
疑問語疑問文　75, 76
強制　107, 115
驚嘆型感嘆文　78
句　145
句構造　110
句構造文法　145, 159
草野清民　143
『草野氏日本文法』　143
区別用法　96
繋辞　152

形式主義　3
形態　35
形態格　31
形態素　5, 35, 43
形態素主義　150
契沖　127
形容動詞　159
系列的な関係　15
言語学研究会　123, 139
　──による活用表　139
言語過程説　130, 144
『言語四種論』　128
原辞　143
謙譲化　92
現象描写文　72
現象文　72
源泉　103
言表事態　68
言表態度　68
厳密下位範疇化　113
原理と媒介変数のアプローチ　96
語彙規則　87
語彙機能文法　xiii, 86, 87
『語意考』　138
語彙主義　xiv, 115
語彙的意味　34
構成素　43
拘束形態素　36
膠着性　32
肯定　28
肯否　25, 28
語基　36
コギト性　155
『国語構文論』　146
国文法　xiv, 120, 121, 156
語形　36
語形系列　37

語形変化　36
五十音図　138
『詞の八衢』　131, 137
個別性　95
『語法指南』　129
根拠解釈派　155
痕跡　116
コントロール　102
　　主語による——　105
　　動作主による——　105
　　目的語による——　105

サ 行

再帰化　88
〜さえ　16
三次的アスペクト　67
　　開始の意味に関わる——　67
　　継続の意味を表す——　67
　　終了の意味で用いられる——　67
詞　14, 143, 145
辞　14, 145
使役態　54, 56
〜しか　14
指示タイプ　105
辞書　115
自然性　96
事態の核　22
質問型疑問文　75
自動詞　50
シニフィアン　117, 159
シニフィエ　117, 159
シーニュ　159
自発態　55, 58
自問型疑問文　75, 76
斜格性　xiii, 89
斜格目的語　89
自由形態素　36

修飾　143
従属節　xi, 47
　——のテンス　63
従属文法　159
受益態　55, 59
主語　xi, 46, 81, 83
主語成分　46
主辞駆動句構造文法　xiv, 92, 114
主節　xi, 47
主題　46, 81
主題成分　46
述語　44
述語修飾成分　45
述語成分　44
述体句　153
受動化　86, 90
受動態　54, 55
受動文　xii, 86
主要部　80, 159
情意表出型　70
情意表出文　72
照応詞　92
昇格　90
『小学日本文典』　129
状況成分　45
小主語　143
状態　23
情報の共有　116
初期層　87
助詞　3
助動詞　3
真偽疑問文　75, 76
新記述派　123
真正モダリティ　69
深層格　95
深層非対格　109
『新文典』　133

推量　29
鈴木朖　128
鈴木重幸　132, 134, 150
スル形　24
生成文法　83, 151
節　xi, 47
接辞　36
絶対格　88
絶対的テンス　63
ゼロ記号　145
選択疑問文　75, 76
層　87
相対的テンス　63
素材表示職能　146
素性構造　115
尊敬語化　88

タ行

大主語　143
態度タイプ　106
対話型テキスト　19
夕形　25, 26, 27, 60, 61
他動詞　50
田中義廉　129
谷川士清　138
単語　2, 5, 33
断定　29
単文　xi, 47
談話　5
直接構成素　43
直接受動文　22, 56
陳述　145, 152
対弧文法　86
テアル形　66
テアル態　55, 59
定家仮名遣い　127
テイク形　66

丁寧さ　4, 28
テイル形　24, 64
テキスト　19
テクル形　66
テ形　64
テシマウ形　66
〜ですら　15
てにをは　126
てにをは秘伝書　126
『てにをは紐鏡』　136
寺村秀夫　123
典型的受動者　xiii
典型的動作主　xiii
展叙　146
テンス　xii, 4, 25, 28, 60
　従属節の——　63
統覚作用　xv, 152
統語論　3
動作主　104, 105
投射　159
統叙　146
東条義門　137
時枝誠記　xv, 130, 144
独立性　95
独話型テキスト　19
取り立て　32
取り立て助詞（助辞）　14, 82
取り立て的意味　15

ナ行

内項　109
中山昌久　139
〜ながら　49
〜なら　16
難易態　55, 58
二次的アスペクト　64
二重ガ格構文　51

『日本語助動詞の研究』 148
『日本書紀通証』 138
能格 88
能格言語 88
能格性 88
能動 22
ノ-ガ可変 8
～ので 49
述べ立て 29, 30

ハ 行

～は 8, 16, 45, 51
橋本進吉 xv, 130, 133, 141
場所 103
判断 155
範疇的意味 37
範疇文法 112, 149
非対格仮説 109, 110
非対格昇格 109
非対格文 85
否定 28
否定疑問文 76
表層非対格 109
付加 159
付加語 80
副詞節 xi, 48
複層 87
複文 xi, 47
富士谷成章 127
普遍的配列仮説 108
浮遊数量詞 101
文 2, 5, 44
　　——の主題 144
分節 43
文節 141
文節文法 141
文法 3, 4

文法カテゴリ 26
文法関係 xii, 81
文法機能 81
文法的意味 26
文法役割 81
文法論 6
文脈自由文法 160
並列節 xi, 48
変形文法 80, 83
補語 80
補充 143
補足語 80
補足成分 45

マ 行

松下大三郎 xv, 130, 143
未完結相 31
『御国詞活用抄』 136
水谷静夫 131, 139, 153
無主題文 152
無題文 46, 72
無対自動詞 50
無対他動詞 50
無標形式 18, 29
名詞節 xi, 48
命題 x, 11, 20, 68
命題的意味 12
命令 29
迷惑(被害)の受け身 56, 84
～も 14
目的語 81, 83
目標 103
モダリティ x, xii, 11, 68
　価値判断の—— 69
　真偽判断の—— 68
　丁寧さの—— 70
　発話・伝達の—— x, 12, 29

表現類型の——　　xii, 70, 71
　　命題めあての——　　x, 12, 29
モダリティ的意味　　12
本居宣長　　136
本居春庭　　131, 138
モーラ　　160
森重敏　　153

ヤ 行

約束タイプ　　105
八衢流活用表　　132
屋名池誠　　139
山田孝雄　　xiv, 129
唯一性　　95
有主題文　　152
有題文　　46, 72
有対自動詞　　50
有対他動詞　　50

有標形式　　18

ラ 行

利用可能性の階層　　93
リンキング　　108, 111
累加的対象　　100
ル形　　25, 26, 27
歴史的仮名遣い　　127
連体節　　xi, 48
論理的格関係　　153

ワ 行

『和語説略図』　　137
渡辺実　　146
ヲ格　　50, 58
　　——とカラ格の交替　　53
　　——とデ格の交替　　54
ヲコト点　　126

■岩波オンデマンドブックス■

言語の科学 5
文法

2004 年 8 月 4 日　第 1 刷発行
2019 年 6 月 11 日　オンデマンド版発行

著　者　　益岡隆志　仁田義雄
　　　　　郡司隆男　金水　敏

発行者　　岡本　厚

発行所　　株式会社　岩波書店
　　　　　〒101-8002　東京都千代田区一ツ橋 2-5-5
　　　　　電話案内　03-5210-4000
　　　　　https://www.iwanami.co.jp/

印刷／製本・法令印刷

© Takashi Masuoka, Yoshio Nitta, Takao Gunji,
Satoshi Kinsui 2019
ISBN 978-4-00-730897-0　　Printed in Japan